Peter Hans Nengelken

Wintergärten und Überdachungen

Planen, Bauen, Bepflanzen

Fünfte, durchgesehene Auflage

Als Dank gewidmet meinen
Freunden Walter und Beate

Die Deutsche Bibliothek – CIP-Einheitsaufnahme

Nengelken, Peter H.:
Wintergärten und Überdachungen : Planen, Bauen,
Bepflanzen / Peter Hans Nengelken. –
5. durchges. Aufl. – München ; Wien ; Zürich :
BLV Verlagsgesellschaft, 1996
  ISBN 3-405-14465-5

Bildnachweis

Apel: 131, 132, 133
Biffar: 10, 11, 19
Burda: 60, 71, 84, 105, 109, 117, 129, 136
Crittal: 97
GBK: 68, 70 u, 85 r
Hirschfeld: 13, 14, 23, 40, 55
Jesse: 27, 70 o, 113
Krieger: 6, 61, 77, 128
Ludwig: 130
Nengelken: 113
Ostermann: 31, 35
Röhm: 46, 49
Sammer: 2
Schlachter: 66, 75, 88
Schrempp: 132
Schüco: 57, 59, 81, 93, 95, 124
Seibold: 135, 137
Seidl: 131, 133
Stehling: 135
Strauß: 138
Thyssen: 38
VAW: 60
Vegla: 6, 52, 53, 64, 75, 85 l, 125, 129
Vekaplast: 67, 78
Verandalux: 30
Warema: 120

Titelfoto: Redeleit, Einklinker: Osmo
Grafiken: Peter Hans Nengelken

BLV Verlagsgesellschaft mbH
München Wien Zürich
80797 München

© BLV Verlagsgesellschaft mbH, München 1996

Das Werk einschließlich aller seiner Teile
ist urheberrechtlich geschützt. Jede Verwertung
außerhalb der engen Grenzen des Urheberrechts-
gesetzes ist ohne Zustimmung des Verlages unzulässig
und strafbar. Das gilt insbesondere für Vervielfälti-
gungen, Übersetzungen, Mikroverfilmungen und die
Einspeicherung und Verarbeitung in elektronischen
Systemen.

Gesamtherstellung: Pustet, Regensburg
Gedruckt auf chlorfrei gebleichtem Papier
Printed in Germany · ISBN 3-405-14465-5

Inhalt

7 **Vorwort**

8 **Terrassenüberdachungen**

Planung 8
Warum eine Terrassenüberdachung 8
Was bedacht werden sollte 8
Welches Material und welche
Bauweise 14
Entwässerungsfragen 17
Verglasung und Dacheindeckung 18

Aufbau 19
Vorarbeiten 19
Die Montage 20
Wandhalterungen 20
Verbindungen von Balken
und Stützen 22
Unterstützung bei größeren
Abständen 24
Überdachungen 26
Besondere Gestaltung der
Überdachung 32

Zusätzliche Ausstattung 40
Schiebewände als Sonnenschutz 40
Seitlicher Sicht- und Windschutz 41
Terrasse mit offenem Kamin und
Duschplatz 42
Gemauerte Bartheke auf der
Terrasse 47

51 **Wintergarten**

Planung 51
Die Himmelsrichtung 51
Das Grundstück bestimmt den
Standort 52
Extreme Standorte 53
Weitere Tips für die Planung 56
Das Klima im Wintergarten 61
Bauvorschriften 62

Wärme, Wasser Luft und Licht 67
Wintergarten als Wärmequelle 67
Licht und Beleuchtung 70
Bewässerungsfragen 72
Lüftungsfragen 74
Luftbefeuchter 76
Klimasteuerung 79

Alles über Glas 81
Verglasung 81
Eindeckungen mit Kunststoff-
materialien 82
Normalglas 84
Verglasungsvorschriften 86
Besondere Bedingungen
bei Dachverglasungen 87

Kostenvoranschlag, Preisangebot 88
Tips für den Bauherrn 88
Das Angebot 90
Baubeschreibung – ein Beispiel 92

Aufbau 95
Die Auftragsvergabe 95
Das Fundament 95
Montage 97
Der weitere Ausbau 97

Anfertigung von Einzelteilen 100
Bottich Verkleidung 100
Steckblumenkasten 102
Kleiner Pflanzenbehälter 104
Pflanzenwannen aus Holz 107
Einfache Herstellung einer
Schlitz-Zapfen-Verbindung 110
Eine rechtwinklig gebaute
Anlage 111
Aufgemauerte Pflanzenwanne 112
Ein selbstgebauter Teich 113

Einrichtung 116
Wohnen unter Glas 116
Möblierung 116
Beispiele für Einrichtungen 117
Farbgestaltung 124
Sichtschutz und Schattierungen 127
Bodenheizung 127

128 **Die Pflanzen**
Das sollten Sie beachten 128
Fassadenbewuchs zur
Klimaverbesserung 130
Eine Auswahl geeigneter
Pflanzen 131
Düngung 138
Krankheiten und Schädlinge 140

141 **Bezugsquellen**

142 **Register**

Vorwort

Näher zur Natur oder Aufwertung der Terrasse oder zurück zum Wintergarten; das könnten auch die Überschriften oder Titel dieses Buches sein. Es ist eine feststehende Tatsache, daß unser Umweltbewußtsein immer stärker zunimmt. Man erkennt es auch daran, daß immer mehr Blumen und Pflanzen für die Wohnung, den Balkon und den Garten gekauft werden. Ob man ganz unbewußt ein Gegengewicht zur Umweltbelastung und zum Waldsterben schaffen will?

Untrennbar von dem Wunsch nach mehr Naturverbundenheit ist der Wunsch, diese Natur auch in unmittelbarer Nähe erleben zu können. Wer wünscht sich nicht, beispielsweise das Frühstück auf der Terrasse einnehmen zu können. Allerdings ohne einen gewissen Schutz vor Wind und Wetter ist dies nur an wenigen Tagen im Jahr möglich. Was liegt also näher, als die Terrasse aufzuwerten und mit einer Überdachung und gegebenenfalls mit seitlichen Sicht- und Windschutzwänden zu versehen. Gut gelungene Beispiele, wie das gemacht wurde, gibt es mehr als genug. Auch hier wird etwas in dieser Richtung gezeigt werden.

Man geht nun einen Schritt weiter und baut die Überdachung aus, indem alle Seiten geschlossen werden. Schon hat man einen Wintergarten. Die heutigen modernen Wintergärten haben kaum noch eine Ähnlichkeit mit den Wintergärten unserer Großeltern. Bedingt durch die neuen Baustoffe, dies trifft besonders für Gläser und die neuen Isoliermaterialien zu, kann man heute Wintergärten viel leichter, vielfältiger und problemloser herstellen und nutzen.

Diese heute gewünschten Glasanbauten könnte man ohne die hervorragenden Dämmeigenschaften der Gläser und Abdeckungen gar nicht so beheizen und klimatisieren, daß sich Menschen und Pflanzen in den Räumen wohlfühlen und dies zu allen Jahreszeiten. Im Gegenteil geben die neuen Glasbauten noch Energie, sprich Wärme an die Wohnräume des Hauses ab. Man spricht dann vom sogenannten Solareffekt. Zwar kann man Energie problemloser gewinnen und sparen, aber man leistet sich ja schließlich auch einen Wintergarten. Auch für die Pflanzen ist ein modern gebauter Wintergarten ein Platz, an dem sie sich voll entwickeln können. Selbstverständlich kommt es auf die richtige Pflanzenauswahl an. Bei 20–25° C Raumtemperatur sollte man Gewächse, die in den Tropen oder im Mittelmeerraum zu Hause sind, auswählen. Unsere einheimischen Pflanzen können bei entsprechenden Schutzmaßnahmen auch gepflanzt werden, aber im Herbst sind sie leider verblüht. Gerade im Winterhalbjahr, wenn es draußen kahl wird, wünscht man sich aber ein frisches Grün, und wenn es geht auch blühende Pflanzen. Hilfsmittel und Hilfsgeräte, welche die klimatischen Verhältnisse noch verbessern und die Pflege vereinfachen, gibt es in erprobter und ausreichender Auswahl. Auch an die gesundheitlichen Aspekte sollte man denken. Vielen Menschen bekommt die trockene Wohnraumluft überhaupt nicht. Dank der erhöhten, durch die Klimaanlage regulierbaren Luftfeuchte und dem Pflanzenleben kann man hier Umweltbedingungen schaffen, welche den Wünschen der Betroffenen weit entgegenkommen.

Um es an dieser Stelle noch einmal zu betonen, ein angebautes Gewächshaus ist noch kein Wintergarten, in dem man sich zu allen Jahreszeiten wohlfühlen kann. Dazu gehört, auch von der äußeren Erscheinung her, etwas mehr. Es tut sich aber auch auf diesem Gebiet sehr viel. Von den Gewächshausherstellern kommen dabei ganz entscheidende Impulse und Ideen für ein Zusammenleben von Menschen und Pflanzen in geschlossenen Räumen. Diese Erfahrungen sollte man also nutzen. Eine Kombination von Gewächshaus und einem Wohnraum im Grünen, hergestellt durch eine Zwischenwand, ist auch nicht der schlechteste Gedanke, denn das Hobby wäre gleich mit dem Nutzen verbunden.

Peter H. Nengelken

Terrassenüberdachungen

Warum eine Terrassenüberdachung?

Eine gut angelegte Terrasse ist schön, aber eine überdachte Terrasse ist sicher noch schöner. Dabei soll zunächst noch gar nicht von einer geschlossenen Überdachung gesprochen werden. Es genügt oft schon, wenn eine Überdachung durch eine Pergola oder eine pergolaähnliche Balkenlage angedeutet wird. Bei extremen Standorten verbietet sich manchmal sogar eine geschlossene Überdachung.

Hier soll aber gesagt werden, was man auf diesem Gebiet alles machen kann. Der freien Gestaltung sind, wenn man von einigen Grundvoraussetzungen absieht, fast keine Grenzen gesetzt. Diese wenigen Gesetzmäßigkeiten sollten schon im eigenen Interesse beachtet werden, damit man sich möglichst oft auf der Terrasse aufhalten und die frische Luft genießen kann. Auch wenn man nur eine ganz einfache sogenannte Standardüberdachung errichten will, sollte man sich doch umfassend informieren und gegebenenfalls beraten lassen. Das gilt nicht nur für die Kostenfrage.

Was bedacht werden sollte

Es ist tatsächlich mehr, als man zunächst glaubt. Während beim Hausbau der Architekt oder die Baugesellschaft die auftauchenden Fragen und Probleme klärt und dem geplagten Bauherrn somit manchen Ärger vom Leibe hält, muß man bei nachträglichen Baumaßnahmen, und dazu gehört auch eine Terrassenüberdachung, alles selbst in die Hand nehmen. Da man normalerweise nur einmal im Leben ein Haus baut und eine solche Anlage auch ein Leben lang halten soll, muß man sich schon die nötige Mühe machen, sich genauestens zu informieren und alles genau zu überdenken.

Hauptwindrichtung feststellen

Mit der Hauptwindrichtung fangen die Vorüberlegungen schon einmal an, denn es ist von entscheidender Bedeutung, aus welcher Richtung der Wind und manchmal auch der Regen auf die Terrasse weht. Man sollte dann schon gleich entsprechende Wind- und Regenschutzmaßnahmen miteinplanen. Auch der oft unangenehme Dauerdurchzug sollte schon bei den Vorüberlegungen ausgeschaltet werden. Die passenden Windschutzwände, aus vielerlei interessanten Materialien, bieten die Hersteller von Pergolen und Überdachungen oftmals mit an, und sie fügen sich dann nahtlos in die neu geschaffene Umgebung ein. Anderseits ist es auch kein Beinbruch, wenn man eine entsprechende Abtrennung aus einem ganz anderen Material errichtet. Gelungene Beispiele, sicher auch in Ihrer näheren Umgebung, gibt es mehr als genug.

Wo steht die Mittagssonne?

Der Sonnenstand ist ein sehr wichtiger Gesichtspunkt, denn an heißen Sommertagen wird man sich auch in unseren Regionen ohne entsprechende Schattierungsmaßnahmen kaum auf der Terrasse aufhalten können. Nicht umsonst werden in vielen Fällen ausfahrbare Markisen angebracht, da in der Regel die Terrasse und der Wohnraum so geplant sind, daß sie auch möglichst lange von der Sonne erreicht werden. Natürlich sieht eine Markise oberhalb einer Überdachung, und sei es nur ein Pergola- oder Rankgerüst, nicht gerade sehr gekonnt aus. In vielen Fällen wird man eine vorhandene Markise wegen der Hölzer, die plötzlich im Wege stehen, kaum noch ausfahren können. Will man die Markise nicht opfern, bleibt einem nur noch die Möglichkeit, für einen seitlichen Windschutz zu sorgen.

Schattenspender sind willkommen

Auch für den Bau der Überdachung sollte man wissen, wo die Sonne am frühen Morgen, um die Mittagszeit und schließlich am Abend steht. Oft stört sie beispielsweise, wenn am Abend das Fernsehprogramm läuft und die tiefstehende Sonne das Bild derart beeinträchtigt, daß die Jalousien heruntergezogen werden müssen. Als Nichtbetroffener lächelt man eventuell darüber, aber diese Fälle gibt es mehr als genug. Wenn keine natürlichen Schattenspender wie Bäume oder Sträucher

Planung

vorhanden sind, kann man durch eine entsprechende Anordnung und Ausführung der Überdachung für Schattenzonen sorgen. Einmal können spezielle verschiebbare Blenden angebracht werden, zum anderen bietet sich eine solche Überdachung auch als ideales Gerüst für Kletterpflanzen an, die wiederum für natürlichen Schatten sorgen.

Aufwertung der Terrasse
Ganz gleich für welche Art und Ausführung man sich auch entscheiden mag, die Terrasse, d. h. die hausnahe Umgebung, wird ganz entscheidend aufgewertet und der Wohnwert sichtbar verbessert. Falls man sich dann auch noch für eine geschlossene Dachfläche – selbstverständlich aus Glas oder anderen durchsichtigen Materialien – entscheidet, hat man sich schon fast einen zusätzlichen Wohnraum geschaffen. Zumindest müssen gepolsterte Möbel oder die Kissen der Stühle und Liegen nicht unbedingt jeden Abend ins Haus gebracht werden. Ebenso muß man nicht vor jedem Sommergewitter flüchten. Übrigens schmeckt das Sonntagsfrühstück auf der überdachten, sprich geschützten Terrasse besonders gut.

Hitzestau unter dem Dach vermeiden
Eine böse Sache ist der manchmal unvermeidbare Hitzestau unter einem Glasdachanbau. Man glaubt oft gar nicht, wie heiß es unter solch einem Dach werden kann. Schuld an diesem Hitzestau ist die oft fehlende Luftbewegung. Froh sein kann dann, wer in unmittelbarer Nähe einige Laubbäume stehen hat, die für Schatten sorgen. Für unbedingte Sonnenanbeter müssen die Liegen in diesem Fall weiter in den Garten geschoben werden. Es ist schon ein kleiner Teufelskreis, will man alle Anforderungen und Bedürfnisse unter einen Hut bringen.

Mit Kunststoffplatten abgedeckte Überdachung. Die Pfetten liegen auf abgestützten Längsbalken und auf einem Wandbalken.

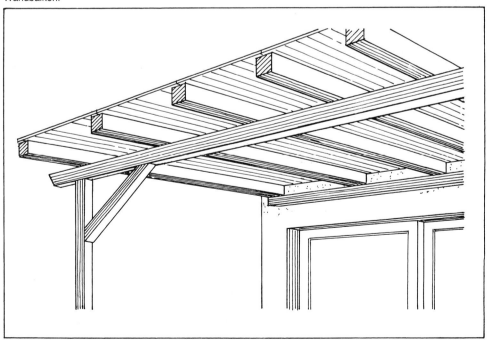

Große Pergola-Anlage aus dunkel gebeizten Hölzern. Innenbereich mit Glas abgedeckt.

Bauliche Mittel einsetzen

Mit baulichen oder konstruktiven Maßnahmen kann etwas gegen die unbeliebten Begleiterscheinungen einer Überdachung unternommen werden. Zunächst einmal muß man für eine gewisse Luftbewegung vor allem in den oberen Bereichen sorgen. Ein Ventilator oder ähnliche Geräte sind dafür nicht nötig, es genügt oft schon, wenn die seitlichen Sichtschutz- oder Windschutzwände nicht bis zur Dachunterkante hochgeführt werden. Eine Höhe von 180–200 cm reicht oftmals schon aus. Will man aus irgendwelchen Gründen auf die geschlossenen Seitenwände nicht verzichten, dann sollten zumindest in den oberen Bereichen, und zwar auf beiden Seiten, Lüftungsmöglichkeiten eingeplant werden. Wie sie gestaltet werden, hängt von den verwendeten Baustoffen ab. Auch in die Dachflächen selbst können verstellbare oder verschiebbare Lüftungsmöglichkeiten eingebaut werden. Teilweise können sich diese Lüftungsflügel sogar automatisch öffnen und schließen. Dies ist auch für Wintergärten eine wichtige Sache. Bei stromlos funktionierenden, mit einem Ausdehnungsmedium gefüllten Automaten ist ein Motor nicht erforderlich.

Um den Hitzestau nicht zu begünstigen, hüte man sich davor, das Dach im vorderen Bereich zu tief herunterzuziehen. Das Regenwasser läuft zwar schneller ab und auch der Schlagregen – falls er von der Gartenseite kommt – erreicht die Möbel nicht so leicht, aber das sind dann schon die einzigen Vorteile.

An die Dachneigung denken

Bei aller Freude über die Anschaffung und Errichtung einer Überdachung mit geschlossener Dachfläche muß man immer an weitere Folgen und Auswirkungen denken. Betrachten wir zunächst den Neigungswinkel des Daches. Es bleibt leider nicht aus, daß z. B. die flachgeneigten Glasflächen verschmutzen. Der Schmutz macht sich deutlich sichtbar bemerkbar. Auch eine stärkere Dachneigung würde an diesem Umstand nicht viel ändern. Es liegt auch nur zum Teil an den verwendeten Eindeckungen, die ja nicht alle eine superglatte Oberfläche haben. Auf manchen Erzeugnissen setzt sich nun einmal der Schmutz etwas leichter ab (Kunststoff). Neben dem Schmutz aus der Luft, der teilweise auch mit chemischen Bestandteilen versetzt ist, muß auch mit den Blättern nahestehender Gehölze gerechnet werden. Aus diesen Gründen sollte man sich schon frühzeitig über die Frage der Dachflächenreinigung Gedanken machen und nicht erst, wenn die Flächen, besonders aber die Kanten, moosgrün werden. Inzwischen gibt es spezielle Geräte für die Dachreinigung im Handel zu kaufen: mit rotierender Waschbürste und einem langen Stiel zum Anschluß an die Wasserleitung. Leichten Geräten mit Pflegemittel-Beimischung gebührt der Vorzug. Das ist einfacher als die schwierige Reinigung, besonders größerer Flächen, mit dem Stiel des Haushaltsschrubbers. Nur mit einem Wasserstrahl wird man den festsitzenden Bewuchs und Schmutz sicher nicht entfernen können. Ein Gang in das Gartenfachgeschäft ist deshalb auch in dieser Hinsicht lohnend.

Terrassenüberdachung mit Kunststoffplatten abgedeckt. Der Lichtverlust ist unbedeutend.

Auch der Wohnraum soll hell bleiben

Im Zusammenhang mit der geschlossenen Überdachung und deren unvermeidbarer Verschmutzung taucht gleich die Frage auf, ob der Wohnraum durch diesen Vorbau nicht zu dunkel wird. Dies ist besonders dann zu befürchten, wenn tatsächlich nur eine Fensterfläche, eben die zur Terrasse, vorhanden ist. Diese eventuellen Beeinträchtigungen sollten auf jeden Fall vermieden werden. Das Problem taucht auch bei einer überhandnehmenden Berankung des Balkengerüstes auf. Heute gibt es doch fast nichts Schlimmeres als dunkle Räume und besonders dunkle Wohnräume. Die elektrische Beleuchtung, und sei sie noch so hell, ist ja nichts gegen die natürliche Helligkeit. Ist das Problem nicht in den Griff zu bekommen, muß eben notfalls auf die verglaste Überdachung verzichtet werden.

In diesem Zusammenhang sollte man sich auch überlegen, ob für die seitlichen Sicht- und Windschutzwände an Stelle eines dunklen Materials – ganz gleich, ob es sich um Holz oder Ziegel handelt – nicht besser helle Klinker, ein weißer Putz oder Glasbausteine verwendet werden können. Hier gibt es auch schöne Beispiele.

Wie soll die Konstruktion sein?

Zuerst wird man bei den Vorüberlegungen in dieser Richtung wohl an die Gestaltung und äußere Form denken. Dabei stellt sich schnell heraus, daß man grundsätzlich zwischen zwei Ausführungen entscheiden kann. Einmal ist es eine betont leichte Ausführung, welche vor das Haus gebaut wird. In den meisten Fällen handelt es sich dann um eine Anlage ohne eine geschlossene, d. h. verglaste Dachfläche. Wenn man so will, hat man dann nur eine optische Überdachung, die sehr gerne auch als Rankgerüst, beispielsweise für Weinstöcke, benutzt wird. Aber auch viele andere Kletterpflanzen lassen die Seiten und Dachflächen schnell zuwachsen. Ohne einen gezielten Schnitt und weitere Ordnungsmaßnahmen wird eine Wildnis daraus. So schön eine natürliche Überdachung oder eine Weinlaube ist, man muß auch wieder an die ganz erheblichen Lichtverluste denken.

Terrassenüberdachungen

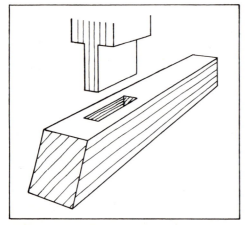

Schlitz- und Zapfenverbindung. Das Zapfenloch soll nicht durchgebohrt werden, damit Regenwasser die Verbindung nicht zerstört.

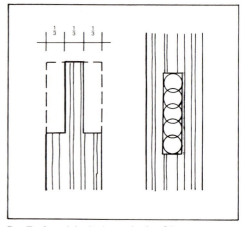

Der Zapfen wird mit einer scharfen Säge ausgeschnitten. Das Zapfenloch wird gebohrt und die Ränder werden beigearbeitet.

Im zweiten Fall wird die Überdachung fest an das Haus angebaut. Besondere Sorgfalt muß auf die Verbindung zwischen der senkrechten Hauswand und der Dach- besser der Glasfläche und der tragenden Anbaukonstruktion gelegt werden. Ganz gleich, ob es sich um eine Holz- oder Metallkonstruktion handelt, solch ein leichter Anbau bewegt sich, im Gegensatz zum feststehenden Haus, immer etwas. Im Bereich der Verbindung entstehen dann Fugen, in die Wasser oder zumindest Feuchtigkeit eindringt und das Zerstörungswerk beginnt. Durchfeuchtungsschäden an Bauwerken sind gefürchtet, da man oft den Ursprung nicht genau feststellen kann. Dank der dauerelastischen Kitt- und Dichtungsmittel ist die Gefahr solcher Schäden nicht mehr so groß. Trotzdem sollte man immer auf fachgerecht ausgeführte Maueranschlüsse achten

Wasserableitung

In diesem Zusammenhang achte man auch auf eine störungsfreie, ungehinderte Ableitung des Wassers. Es ist ja nicht nur das Wasser zu berücksichtigen, welches auf das Dach auftrifft, sondern auch das Wasser, welches an der Hauswand herunterläuft. Eine Dachrinne mit seitlicher Ableitung, also den Fallrohren, ist in jedem Fall vorzusehen. Auf keinen Fall sollte man die manchmal erheblichen Wassermengen unkontrolliert an der Dachkante herunterlaufen und im Erdreich versickern lassen. Einmal sieht eine solche Lösung nicht gut aus, außerdem kann es zu einer Versumpfung des Bodens kommen, die so weit geht, daß auch die Fundamente und Wände der Kellerräume angegriffen werden. Auch Pflanzen bekommt zu viel Wasser nicht. Über die Fallrohre soll das Wasser möglichst nicht in die Kanalisation, sondern in ein Sammelbecken geleitet werden.

Ausreichende Verankerung und Querstabilität

Nachdem bisher einige äußere Gesichtspunkte betrachtet wurden, muß man sich aber auch einige Gedanken über die Verankerung und Standfestigkeit der Anlage machen, für die man ja letztlich die Verantwortung trägt. Diese Überlegungen sind vor allen Dingen bei einer überdachten Anlage angebracht. In der Regel werden die Überdachungen über einer bestehenden Terrasse errichtet. Der Untergrund in diesem Bereich ist, bedingt durch die seinerzeitige Baugrube, oftmals aufgeschüttet und gibt trotz einer Verdichtung in den ersten Jahren etwas nach. Etwas anders und besser

Planung

sieht es aus, wenn die Terrasse bzw. der Belag auf einer Betonplatte verlegt wurde, also schon ein festes Fundament eben in Form der Betonplatte vorhanden ist. Manchmal ist der Terrassenbereich aber auch noch unterkellert, um zumindest in diesem Bereich die Wohnung etwas zu vergrößern. Auch in diesem Fall braucht man sich um die Fundamente keine Sorgen zu machen. Das schließt allerdings die Überlegungen über die Holzdimensionierungen und die Qualität der Verbindungen nicht aus. Wohlgemerkt hier wird von Anlagen gesprochen, welche man selbst montieren will. Ansonsten übernehmen die Hersteller alle erforderlichen Garantien. Um bei den Überlegungen zu bleiben, so stören den unbefangenen Betrachter manchmal die Querstreben. Die schräg angeordneten Streben passen so gar nicht ins Bild der senkrechten und waagrechten Riegel, sie werden aber vom Statiker vorgeschrieben und sorgen für die Querstabilität der einzelnen Wände und damit auch der ganzen Überdachung. Im Wintergartenbau findet man diese Streben noch viel häufiger. Diese durchlaufenden Streben sind nicht zu verwechseln mit den kurzen Schräghölzern, welche zur Unterstützung der Dachbalken bestimmt sind. Bei größeren Abständen zwischen den senkrechten Stützen kann sich ein solcher Balken auch noch nach Jahren durchbiegen, was eben durch diese zusätzliche Unterstützung verhindert wird.

Nur ein kleiner Schritt zum Wintergarten
Nicht umsonst werden in diesem Buch Überdachungen und Wintergärten behandelt. Wie man sehen wird, ist es wirklich manchmal nur ein kleiner Schritt von der mehr oder weniger aufwendigen Überdachung bis zum Bau eines Wintergartens. Wenn man es ganz einfach machen will, dann fehlt doch eigentlich, neben den schon erwähnten seitlichen Verkleidungen, nur noch die Frontverkleidung. Selbstverständlich ist entweder in den Seiten- oder in der Frontfläche eine Tür, besser sind zwei Türen, vorzusehen, um durch die nun komplett geschlossene Terrasse ins Freie zu gelangen.

Leichte Terrassenüberdachung.

Wie man sich leicht vorstellen kann, sind zwar mit der Rundumverglasung einige Voraussetzungen für den Wintergarten geschaffen; aber eben nur einige Voraussetzungen: denn das gesamte Innenleben fehlt noch. Es ist wie ein Haus ohne Möbel und ohne jede lebensnotwendige Installation. Der schon angesprochene Hitzestau würde sich noch viel schlimmer auswirken und ein Aufenthalt von Menschen und Pflanzen fast unmöglich sein. Nach einigen Stunden wären auch an tropische Temperaturen gewohnte Pflanzen hier am Vertrocknen. Aber zu diesem Kapitel wird ja später noch viel mehr gesagt.

Hier soll nur angedeutet werden, wie schnell man, bei entsprechenden Vorüberlegungen, neue und bessere Voraussetzungen für die Nutzung der Terrasse und im weiteren Sinne auch der Wohnung schaffen kann. Investieren muß man allerdings, wenn man sich die Natur ins Haus oder näher an das Haus heranholen will.

Terrassenüberdachungen

Welches Material und welche Bauweise?

Es ist wirklich schlimm, aber je größer die Auswahl, desto schwerer fällt es oft, das richtige Material zu finden oder sich für eine bestimmte Bauweise zu entscheiden. Die Zahl der Hersteller wirklich ansprechender Pergola-Anlagen und Überdachungen wird scheinbar immer größer und das Angebot auch für Fachleute immer unübersichtlicher. Man ist immer wieder überrascht, was den Entwerfern an gut gelungenen Konstruktionen einfällt. Auch was die Auswahl und die Verarbeitung des Materials angeht, bleiben sogar für anspruchsvolle Käufer kaum noch Wünsche offen. Zusammengeschusterte und nicht durchdachte Anlagen haben bei dem Konkurrenzdruck aus dem In- und Ausland kaum noch Chancen, sich zu behaupten. Der einzige erkennbare Nachteil liegt eigentlich darin, daß für edle Materialien, sei es Holz oder Metall, und für eine aufwendige Gestaltung und Verarbeitung auch ein entsprechender Preis gezahlt werden muß: eigentlich aber verständlich.

Chancen für den Selbermacher

Hier taucht dann, im Zuge der zunehmenden Freizeit, die Chance für den Heimwerker auf. Viele Hersteller, vor allem von Holzanlagen, legen wenig Wert auf die Montage und bieten komplette Bausätze an. Die Konstruktionen und Vorarbeiten erlauben es jedem, der nicht gerade zwei linke Hände hat und gegebenenfalls auch noch auf eine Hilfskraft zurückgreifen kann, mit der Montage spielend fertig zu werden. Wichtig ist ja auch die Tatsache, daß man selbst etwas geschaffen hat, und billiger ist es auch.

Anlagen, komplett aus Holz hergestellt, werden von der Mehrzahl der Firmen angeboten und kommen, wie schon angedeutet, auch dem Selbermacher weitgehend entgegen. Auch spätere Ergänzungen oder Änderungen lassen sich ausführen. Ergänzungsteile sind vielfach auch noch nach Jahren zu bekommen. Allerdings nur, wenn die Firma noch am Markt ist.

Daher Vorsicht bei billigen »Eintagsfliegen«! Angeboten werden Pergolen und Überdachungen in vielen Holzarten. Es fängt an mit dem vergleichsweise einfachen Kiefernholz. Es ist wegen seines Harzgehaltes gegen Fäulnis recht widerstandsfähig. Man denke hier auch an die nordischen Hölzer, die recht langsam heranwachsen und die sich durch ihre Festigkeit besonders für die in der freien Natur stehenden Bauten eignen. Die für Überdachungen, Pergolen und auch Wintergärten aus Holz in den letzten Jahren oft verwendeten exotischen Hölzer waren zwar sehr haltbar. Farbanstriche (Folgekosten) sowie Imprägnieren waren nicht erforderlich. Jedoch, wir kennen jetzt die Kette: exotische Hölzer, Regenwälder und Klimakatastrophen sind eng miteinander verknüpft. Deshalb einheimisches und gut imprägniertes Holz verwenden, wobei auf das RAL-Gütezeichen zu achten ist. So gekennzeichnete Materialien entsprechen den Qualitätsanforderungen des Deutschen Instituts für Gütesicherung und -kennzeichnung. Was die Verarbeitung angeht, so kann man sicher sein, daß die Hersteller die Normen beachten und die besonderen Eigenschaften des jeweiligen Holzes berücksichtigt haben.

Aus kräftigen Hölzern hergestellte Terrassenüberdachung, passend zur Umgebung.

Planung

Rustikale Ausführungen
Für besondere Ansprüche, und dazu gehören ganz sicher auch rustikale Ausführungen, wird oft viel Holz benötigt. Die Querschnitte der Balken, Stützen und Träger werden größer, und damit auch von der Materialseite her gesehen bestimmt teurer. Davon muß man ganz einfach ausgehen. Dazu kommt dann noch die aufwendigere Verarbeitung. Anstelle leicht gebrochener, glatter Kanten werden die Kanten mehr oder weniger stark abgeschrägt, wenn nicht sogar ein Profil angefräst wird. Die Kopfenden der Balken werden ganz sicher nicht nur mit einem Schrägschnitt versehen, sondern mit Schrägen und Rundungen. Weiter lassen sich Kerbschnitzereien anbringen, die dann auch noch farblich gestaltet werden können. Das ganze Gerüst mit all seinen Verbindungen wird nicht nur mit verzinkten Spezialbeschlägen zusammen gehalten, sondern nach alter Handwerks- und Zimmermannstradition mit Schlitz- und Zapfen-Verbindungen und Holznägeln. Was die letzteren Arbeiten angeht, so sieht man zwar kaum etwas vom Schlitz und vom Zapfen, aber es ist eben eine ordentliche handwerkliche Arbeit. Viele stören sich auch an den Verbindungsblechen, mit denen heute aus Kostengründen diese Holzbauten zusammengebaut werden. Es ist mehr als verständlich und sicher auch einleuchtend, daß Profilierungen und Verzierungen zusätzliche Arbeitsgänge erforderlich machen, die auch ihre Zeit kosten, und Zeit ist Geld. Auch ist eine handwerklich hergestellte Verbindung viel aufwendiger als ein glatter Schnitt und ein Zinkblech, welches später noch vom Besteller angebracht werden muß. Hier soll jetzt auf keinen Fall etwas gegen das Zimmermannshandwerk gesagt werden. Aber zwischen dem Angebot für eine handwerkliche Einzelanfertigung mit all den beschriebenen Kriterien und einem serienmäßigem Fabrikerzeugnis liegen zwangsläufig schon erhebliche Unterschiede. Übrigens, auch mit Serienerzeugnissen lassen sich individuelle Anlagen bauen. Dies nur zur Klarstellung.
Sobald es um Holz als den Werkstoff geht, läßt sich wieder vieles preisgünstig selber herstel-

Zwei Bohlen werden rechts und links an der Stütze befestigt. Darauf werden die weiteren Hölzer angebracht.

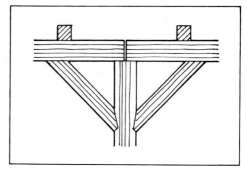
Auf einem Mittelpfosten ruhen zwei Längsbalken, die durch Schrägstützen unterstützt werden.

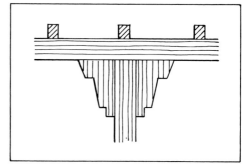
Schwere Konsolen als Auflagehilfen. Trotzdem ist es mehr eine dekorative Angelegenheit.

Terrassenüberdachungen

len. Anleitungen zum Eigenbau werden hier gegeben, man findet sie aber auch sonst in ausreichender Vielfalt. Warum die Schlitz- und Zapfenverbindung nicht selber herstellen? Die Kantenbearbeitung kann selbst vorgenommen werden, ebenso die eventuellen Schnitzereien. Anstelle der glatten, gehobelten Balken und Stützen können die Flächen auch mit dem sogenannten Schropphobel bearbeitet werden, wodurch ein besonders beeindruckendes rustikales Aussehen erreicht wird. Der Schropphobel hat ein leicht gerundetes Hobeleisen, so daß anstelle der gewohnten glatten und ebenen Fläche eine in Faserrichtung verlaufende, wellige Fläche entsteht. Für eine rustikale Pergola oder Überdachung eignet sich am besten ein weiches Nadelholz oder eine kernige Eiche.

Elegante Kunststoff- und Metallprofile

Über Geschmack läßt sich besonders gut streiten. Was der Bauherr X als schönste Lösung ansieht, tut der Bauherr Y als geschmacklos ab. Schade, wenn es nicht so wäre. Fest steht natürlich, daß sich aus Kunststoff- oder Metallprofilen Überdachungen mit geringeren Querschnitten herstellen lassen. Auch die Seitenwände sehen, bedingt durch die kaum noch wahrnehmbaren Sprossen, viel transparenter aus. Eine bedeutend größere Rolle spielen die schmalen Profile beim Gewächshaus- und Wintergartenbau. Das soll aber auf keinen Fall heißen, daß für Überdachungen dieses Material nicht zu verwenden wäre.

Stützen oder tragende Elemente aus Stein

Betonstützen, man mag darüber denken, wie man will, eignen sich recht gut als Stützen für eine Überdachung aus Holz oder anderen Materialien. Auch als tragende Elemente für eine Holzpergola haben sie sich schon bewährt. Beton im Garten ist schließlich nichts Ungewöhnliches mehr. Die Industrie fertigt inzwischen ansprechende Produkte, die sich für diesen Zweck geradezu anbieten. Der Kontrast von Holz- und Steinmaterialien kann interessant aussehen, soweit es zum Haus paßt.

An die Stelle der schmalen Betonstützen können selbstverständlich auch wuchtigere, gemauerte Stützen treten. Neben den strengen, gleichmäßigen Ziegelformen bieten sich auch die unregelmäßig geformten Bruchsteine zum Aufbau der Stützen an. Auch auf diesem Gebiet ist die Industrie wieder sehr rührig und liefert beispielsweise Klinkerelemente oder wie echt aussehende Steine, die aber aus Granitstaub, allerdings auch ein Naturmaterial, und Kunststoffzusätzen hergestellt sind. Sogar die Fugen sind schon angeformt, so daß man auch dabei als Selbermacher keine Fehler machen kann. Einen Mauerpfeiler oder auch nur eine Mauer aus Natursteinen aufzumauern, war früher etwas für ausgesprochene Spezialisten. Heute sind nur noch die entsprechend geformten Steine aufeinander zu schichten. Der Innenraum wird dann mit Beton ausgefüllt. Um das Maß voll zu machen, gibt es dann noch fertige Mörtelmischungen auch für die Fundamente, denen nur noch Wasser zugege-

Fertigteil für eine Pfeileraufmauerung. Die Teile werden aufeinandergeschichtet.

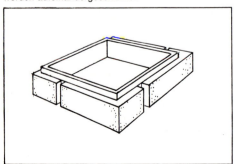

Das gleiche Fabrikat, bestehend aus Eckstücken und geraden Teilen. Die Fugen sind gleich angeformt.

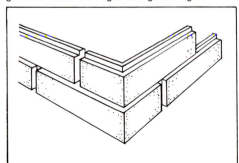

Planung

ben wird. Dies sind nur einige Hinweise, die aber zeigen, wie sich das Angebot fast täglich ändert und für den Heimwerker immer interessanter wird. Man sollte sich also schon etwas umsehen, wenn Baumaßnahmen anstehen. Längere Planung ist durchaus sinnvoll.

Kombination unterschiedlicher Materialien
Wenn man nur etwas auf die speziellen Eigenschaften der verschiedenen Materialien achtet, sollte es für keinen Bauherrn ein Problem sein, diese Werkstoffe auch entsprechend zu verarbeiten und einzusetzen. Wenn man selbst keine geeigneten Vorstellungen hat, dann findet man in Baumärkten und ihren Ausstellungsfreiflächen Anregungen, die weiterhelfen. Auch in Gartencentren gibt es kostenlose Anregungen und Tips in dieser Richtung. Was man alles machen kann, ist teilweise schon angeklungen und wird im weiteren Verlauf noch ausreichend dargestellt.

Bei allen Überlegungen sollte man aber nicht nur für eine Freiluftsaison planen, sondern für eine ganze Generation. Vor neuen Produkten der bekannten Hersteller sollte man in diesen Fällen nicht Halt machen. Voraussetzung ist, daß sie in das eigene Konzept passen. Gerade auf dem Glas- und Kunststoffsektor tut sich schon seit einiger Zeit sehr viel. Man denke nur an die Isoliergläser oder die dauerelastischen Abdichtungsmöglichkeiten zwischen dem neuen Anbau und dem bestehenden Haus. Man sollte sich nach neuen Produkten auf dem Markt umsehen.

Entwässerungsfragen

Zu diesem Thema ist schon einmal kurz etwas gesagt worden. Das anfallende Wasser kann, wenn man nicht für eine schnelle und umfassende Ableitung sorgt, schon zu einem Problem werden. Es ist zunächst einmal für das notwendige Dachgefälle zu sorgen; dabei sollte das Wasser immer vom Wohnhaus weggeleitet werden. Auch dann, wenn sich die Regenfallrohre des bestehenden Hauses anbieten, das Regenwasser der Überdachung auf dem kürzesten Weg aufzunehmen. Die Regenrinne einschließlich der erforderlichen Spritzblenden müssen in diesem Fall am Haus vorbeilaufen. Soweit ist der Gedanke auch noch zu vertreten. Was macht man aber im Winter, wenn der Schnee auf der Überdachung liegt, durch die unterseitige Erwärmung ins Rutschen kommt und die Rinne sowie die Fallrohre die Schneeschmelze nicht bewältigen können? Es kommt ganz sicher zu einer Wanddurchfeuchtung mit all ihren unangenehmen Folgen. Es würde sogar noch eine weitere Möglichkeit dafür sprechen, die Dachfläche zum Garten hin ansteigen zu lassen. Ein Hitzestau würde kaum noch auftreten, weil der höchste Dachpunkt jetzt an der Außenfront liegt und die auftretende Warmluft jetzt ohne Schwierigkeiten abziehen könnte. Und trotzdem, alle Welt neigt das Dach zur Gartenseite hin. Ob es nur eine Gestaltungs- und Gewohnheitssache ist? Durch weitere Gestaltungsmaßnahmen, beispielsweise einer etwas brei-

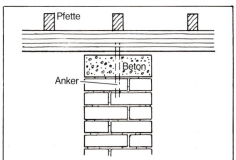

Pfeiler aus Ziegelsteinen. Der obere Abschluß besteht aus Beton, in den ein Anker einbetoniert ist.

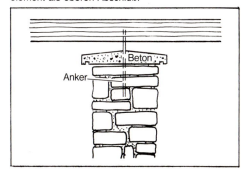

Aus Bruchsteinen aufgemauerter Pfeiler mit Betonelement als oberen Abschluß.

Terrassenüberdachungen

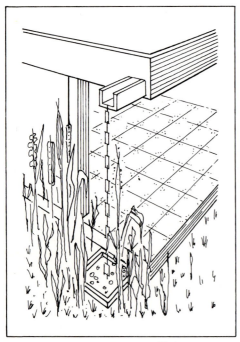

Die Dachrinne wird aus der breiten Blende herausgeführt. Sie besteht aus Holz. Das Regenwasser läuft über eine Kette in einen Behälter. Die Blende kann mit Schiefer verkleidet werden.

Seitenansicht einer Überdachung mit sehr breiter umlaufender Blende, welche die Dachneigung verdeckt. Hier ist eine Verkleidung aus schräg verlaufenden Brettern angebracht.

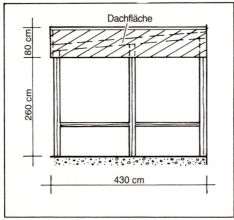

teren umlaufenden Blende, könnte man die Dachneigung, ganz gleich in welcher Richtung sie verläuft, leicht verdecken.

Umlaufende Blende und Dachrinne

Zu dieser Blende, die man selber fertigen kann, die aber auch von einigen Herstellern angeboten wird, sollte auch noch etwas gesagt werden. Sie verdeckt nicht nur die Dachneigung, sondern kann auch die an der Außenkante angebrachte Dachrinne abdecken. Die Blende läßt sich ebenfalls sehr schön gestalten, wodurch die ganze Überdachung noch mehr gewinnt. Man denke hier an eine Verkleidung aus Profilholzbrettern, Schiefertafeln oder Kunststoffplatten.

Die Dachrinne muß übrigens auch nicht immer aus Industrieerzeugnissen bestehen sondern man kann sie auch aus zwei oder drei Brettern leicht selbst herstellen und dies in Verbindung mit der Blende. Eine Auskleidung mit Kunststoff-Folie sorgt für eine absolute Wasserundurchlässigkeit.

Anstelle der Wasserableitung in die Fallrohre kann das Wasser außerhalb der Blende an einer Kette herunterlaufen und über einen Bottich in die Kanalisation, besser in ein Becken, geleitet werden. Ein kleiner Umweg, der aber recht gut aussieht. Eventuell nimmt man in diesem kleinen, abgegrenzten Bereich sogar eine Versumpfung in Kauf und pflanzt gleich auch die entsprechenden Pflanzen.

Verglasung und Dacheindeckung

Zu diesem Thema sollte eigentlich an dieser Stelle etwas gesagt werden. Da zwischen den Materialien und Gläsern ganz erhebliche Unterschiede bezüglich der Preise und der speziellen Eigenschaften bestehen, sollte man sich ausführlich mit diesem Gebiet beschäftigen. Für den Wintergarten spielen aber die Verglasung und alle damit zusammenhängenden Fragen eine noch viel bedeutendere Rolle als für die Überdachungen, deshalb wird später im Kapitel »Alles über Glas« (S. 81) ausführlich darauf eingegangen.

Aufbau

Vorarbeiten

Welches Fundament?
Ist eine Terrasse mit festem Untergrund vorhanden, wird die Überdachung, genauer gesagt die Stützen, natürlich auf dem Plattenbelag und dem festen Unterbau befestigt. Besondere Fundamente sind dann kaum noch erforderlich. Bevor es soweit ist, werden zunächst die Stellen markiert, wo später die Anker eingelassen oder wo die Löcher für die Befestigung der Anschraubwinkel gebohrt werden. Diese Winkelbleche werden regelrecht auf den Boden gedübelt und die Stützen daran festgeschraubt. Gleich sorgfältig arbeiten, damit die Pfosten später auch genau senkrecht stehen! Nichts ist ärgerlicher als eine neue Bohrung, weil man sich eventuell vermessen hat, und diese neue Bohrung liegt nur 1–2 cm neben den nicht mehr benötigten Löchern. Manche Montageanleitungen sagen aber auch, daß erst das Gerüst aufgebaut, an Ort und Stelle ausgerichtet, dann die Ankereisen angezeichnet werden. Anschließend wird das Gerüst noch einmal etwas an die Seite gerückt, damit gebohrt und gedübelt werden kann, ehe es danach wieder an seinen Platz gestellt und festgeschraubt wird. Fertigt man die Überdachung selbst an, entscheidet man selber über den Montageablauf

Aufpassen bei der unterkellerten Terrasse
Bei der unterkellerten Terrasse sieht der Bodenaufbau schon etwas anders aus. Auf der Betondecke werden verschiedene Dichtungsbahnen und eine starke Wärmedämmschicht verlegt, ehe dann der Estrich und der gewünschte Plattenbelag aufgebracht wird. Der Estrich, sollte ganz nebenbei bemerkt, auch noch mit einer Bewehrung aus Stahlmatten versehen sein. Risse, welche auch den Plattenbelag beeinträchtigen können, sind durch zusätzlich anzubringende Dehnungsfugen ganz sicher zu vermeiden.

Reihenhaus mit großer Terrassenüberdachung. Eine leichtere Ausführung.

Terrassenüberdachungen

Diese ab und zu auftauchenden fachlichen Zwischenbemerkungen sollen auf vermeidbare aber vorkommende Baufehler hinweisen. Die Fehler oder Mängel können manchmal schon vorhanden sein, nur haben sich die sichtbaren Folgen noch nicht eingestellt.

Tief einzubohrende Anker sollte man bei unterkellerten Terrassen nicht verwenden, da die Isolierung zu leicht durchstoßen wird. Wenn dann bei der Abdichtung nicht sehr sorgfältig gearbeitet wird, kann Wasser oder Feuchtigkeit in die unteren Deckenschichten eindringen: Über die Folgen braucht man ja nicht mehr viel zu sagen!

Keramische Platten lassen sich übrigens nicht so leicht anbohren.

Versorgungsleitungen

Diese Frage ist gar nicht so abwegig, denn beim Bau des Hauses hat man sicher nicht daran gedacht, mehrere Stromanschlüsse oder Wasserzapfstellen auf der Terrasse oder an der Hauswand zu installieren. Da durch die Überdachung ein zusätzlicher Raum entsteht, werden sicher auch zusätzliche Steckdosen erforderlich. Gedacht ist hier z. B. an eine zusätzliche Stehlampe oder an einen Heizstrahler, der im oberen Dachbereich angebracht wird und in der Übergangszeit sicher sehr geschätzt wird. Ein Anschluß für eine Musikanlage oder einen elektrischen Grill wäre ebenfalls denkbar. Unbedingt beachten: Die Installation muß VDE-gerecht entsprechend der Schutzarten (trockene, feuchte Räume usw.) von einem Elektrofachmann ausgeführt werden! Wenn man schon einmal baut, sollte man auch an alle Eventualitäten denken. Auch die Verlegung des Wasserhahnes von der derzeitigen Wandfläche an einen Außenpfosten sollte erwogen werden.

Die Montage

Nun steht der Montage der Überdachung eigentlich nichts mehr im Wege. Wie schon gesagt, sind die Bau- und Montageanleitungen zeichnerisch und schriftlich leicht verständlich abgefaßt. Man sollte auf keinen Fall eigene Arbeitsabläufe erwägen, da die Angaben sich ja auf gemachte Erfahrungen beziehen. Schon wegen der Montagekosten sollte man nicht die Firmen auffordern, diese Arbeiten zu übernehmen. Viele Hersteller liefern auch nur über Vertragshändler und führen überhaupt keine Montagen durch. In der Montageanleitung steht z. B., ob ein Anker vorher eingesetzt werden muß und wie lange die Abbindezeit des Mörtels dauert, ehe ein Pfosten angeschraubt werden kann. Auch bei Eigenkonstruktionen sollte man sich, um Zeit und Ärger zu ersparen, den Montageablauf genau überlegen. Schließlich sollen ja nicht nur die Verbindungen nahtlos ineinandergreifen.

Wandhalterungen

Wenn man die Überdachung selbst anfertigt, kann man auch den Anschluß an die Hauswand so ausführen, wie man es für zweckmäßig hält. Der sichere Halt bleibt bei all diesen Überlegungen immer wieder der wichtigste Gesichtspunkt. Originalität und Schönheit sind erst in zweiter Linie gefragt. Während es bei den abgedeckten Überdachungen auf einen vollkommen dichten Wandanschluß ankommt, fällt diese Forderung bei der offenen oder pergolaähnlichen Anlage nicht ins Gewicht.

Einfacher Wandanschluß

Der einfachste Wandanschluß bzw. die einfachste Halterung besteht aus einem U-Eisen, welches in das Mauerwerk eingelassen wurde. Das Eisen hat die Innenmaße des aufliegenden Balkens. Ist ein solches Eisenstück, es sollte mindestens 40 cm lang sein, nicht zu bekommen, muß der Balken entsprechend ausgeklinkt und bearbeitet werden, bis das erforderliche Maß erreicht ist. Mit zwei durchgehenden Schrauben, welche durch die zuvor gebohrten Löcher gesteckt werden, wird der Balken befestigt. Anstelle des U-Eisens können auch zwei Winkeleisen diese Halterung übernehmen.

Aufbau

Oben: Eine einfache Wandhalterung für die Überdachung. Ein kräftiges U-Eisen nimmt die Last auf.

Mitte: Eine geschmiedete Metallkonsole und zwei einbetonierte Anker sorgen hier für den Halt.

Unten: Die Pfetten oder Dachbalken liegen auf einem an die Hauswand angebrachten Balken.

Ganz unten: Eine aufwendig gestaltete kräftige Holzkonsole sieht als Halterung ebenfalls gut aus.

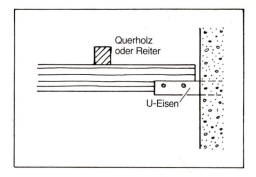

Geschmiedete Konsolen
Bei einer weiteren Befestigungsmöglichkeit übernehmen geschmiedete Eisenkonsolen oder Metallbügel die Abstützung und die Haltefunktionen. Wie diese Halterung im Detail ausgeführt werden kann, kann selbst entworfen und festgelegt werden. Diese Zierkonsolen werden mit Schrauben an der Wand und am Holz befestigt. Zierkonsolen aus dem Grunde, weil die hauptsächlichen Halteaufgaben von 2 Flacheisen übernommen werden, die in die Wand einbetoniert und am Holz festgeschraubt werden.

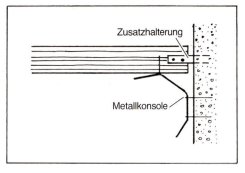

Ein tragender Wandbalken
Ganz anders sieht diese Haltevorrichtung für die Balkenlage aus. Hier ist ein über die ganze Breite der Überdachung reichendes Holz an der Wand befestigt. An den Befestigungspunkten sind immer Abstandhalter vorgesehen. Diese Abstandhalter sollen verhindern, daß das an der Hauswand herunterlaufende Regenwasser sich hier staut und nach und nach das Holz zerstört. Übrigens wird man bei allen gezeigten Wandanschlüssen bemerkt haben, daß die Balken der Überdachungen nicht unmittelbar bis zur Hauswand durchgeführt sind. Die Kopfenden sollen von der Luft umspült werden, damit eine längere Haltbarkeit gewährt ist.

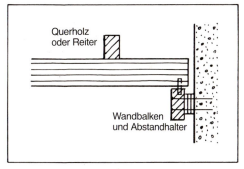

Wegen der Abstandhalter werden besonders lange und kräftige Schrauben benötigt. Ob Dübel eingesetzt werden, in die dann Schrauben eingedreht werden, oder ob man entsprechende Rundeisen mit einem Gewindeteil einsetzt, kommt darauf an, was man beschaffen kann. Auf diese Gewinde werden dann Muttern geschraubt, mit denen der Balken fest an die Mauer gepreßt wird. Man sollte aber die

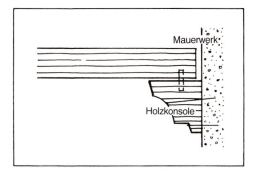

Terrassenüberdachungen

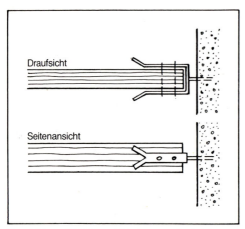

Draufsicht und Seitenansicht einer geschmiedeten Halterung. Andere Formen sind möglich.

Unterlegescheiben nicht vergessen. Eventuell unterhält man sich über diese Frage auch einmal mit dem örtlichen Zimmermann, der sicher noch mit weiteren Ratschlägen helfen kann.
Die Balken werden mit einem kräftigen, mindestens 20 mm starken Dübel auf das Längsholz gedübelt. Der Dübel soll nur ein Verrutschen des Balkens verhindern. Ein Metallwinkel tut es allerdings auch.

Gestaltete Holzkonsolen
Als weitere Möglichkeit, die sich für eine Balkenhalterung anbietet, seien hier besonders aufwendig gestaltete Wandkonsolen vorgestellt. Diese Art der Halterung könnte man sich für eine schwere, rustikale Ausführung gut vorstellen. Die Bearbeitung einer solchen Konsole, und es müssen ja auch hier fünf bis sechs vollkommen gleich aussehende Exemplare gefertigt werden, ist schon etwas aufwendig. Es genügt ja nicht nur, daß die Schnitte auf der Bandsäge ausgeführt werden. Diese Schnitte müssen anschließend auch noch nachgearbeitet und geglättet werden, zumindest soweit geglättet, daß der Sägeschnitt, der ja kaum sehr gleichmäßig ausfällt, nicht mehr zu sehen ist. Weiterhin sind die Seitenflächen und Kanten zu bearbeiten.

Die Konsolen werden mit extra langen Schrauben oder Gewindestangen an der Hauswand befestigt. Natürlich kann man auch hier wieder einfache Winkelbleche verwenden, aber das sieht nicht so gut und vor allen Dingen nicht fachgerecht aus. Der Balken selbst liegt auf der Konsole auf und wird durch einen kräftigen Dübel gehalten.

Geschmiedete Halterung
Wie die geschmiedete Konsole zeigt, gibt es auch für den Schmied oder Schlosser etwas an der sonst ganz aus Holz hergestellten Anlage zu tun. Die Halterung besteht aus einem Bügel, der auf beiden Seiten des Balkens befestigt wird. Ein an diesen Bügel angearbeitetes Ankereisen hält den Balken ohne weitere Hilfsmittel. Der Anker wird in die Hauswand einbetoniert. Der Bügel kann nach freiem Ermessen gestaltet werden, er muß nur die Möglichkeiten bieten, daß zwei Schrauben eingedreht oder durchgesteckt werden können. Es muß nicht besonders betont werden, daß auch vom Schmied eine sorgfältige Arbeit verlangt wird. Gedacht wird hier besonders an die Verbindung von Bügel und Anker. Die ganze künstlerische Gestaltung nützt nichts, wenn es hier zu einem Bruch kommt.

Verbindungen von Balken und Stützen

Ähnlich wie die Anschlüsse und Halterungen an der Hauswand kann man sich auch für die Verbindungen von Stützen und Balken etwas Besonderes einfallen lassen und die Anlage schon durch diese kleinen Details aus der Masse ähnlicher Erzeugnisse herausheben.
Die einfachste Lösung, Stützen, Quer- und Längsbalken zu verbinden, besteht darin, die Stützen unter die Balken zu stellen und die Pfetten auf diesen Balken zu befestigen. Ob diese Stütze in das obere Holz eingezapft wird oder mit Winkeleisen zusammengehalten wird, ist erst einmal von untergeordneter Bedeutung. Auch wie die Querhölzer auf den Balken aufliegen, ob ausgeklinkt oder einfach

Aufbau

aufgedübelt oder letztlich ohne jegliche Bearbeitung, muß der Erbauer verantworten. Mit Winkelblechen ist alles zu machen. Schon etwas raffinierter sieht eine ähnliche Lösung aus. Hier sind die Längs- und Querhölzer um die Stütze herumgelegt worden. Deshalb kommt man auch ohne Bleche, Dübel und Zapfen aus. Alle Teile werden aneinander genagelt oder geschraubt. In beiden Fällen kommt man zu stabilen und haltbaren Verbindungen.

Eine schicke Lösung
Etwas aufwendiger im Materialverbrauch und in der Herstellung ist eine Ausführung, bei der anstelle eines starken Balkens zwei kräftige Bretter, besser ausgedrückt: zwei kräftige Bohlen treten. Wie die Kopfenden der Bohlen gestaltet werden, spielt für die Konstruktion

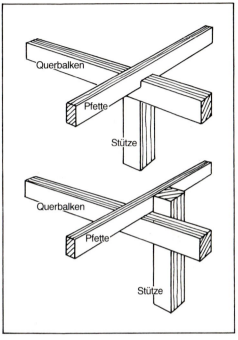

Rechts: Verbindung von Stützen, Querbalken und Pfetten.

Geschlossene Überdachung mit breiter Umrandung.

Terrassenüberdachungen

keine Rolle und ist wie immer eine Frage des eigenen Geschmacks. Die beiden Bohlen werden rechts und links an der Stütze befestigt. Ob durchgehende Schloßschrauben, einfache Holzschrauben, Winkelbleche oder letztlich Holznägel verwendet werden, bleibt gleich. Wenn größere Abstände zu überbrücken sind, spart man durch diese Anwendung der hochstehenden Bohlen viel Material, da ein Balken mit entsprechender Tragkraft schon einen größeren Querschnitt verlangt, nebenbei ein größeres Eigengewicht hat und eben aus diesen Gründen auch teurer ist. Auf diese beiden Bohlen wird dann ein Reiter, wie man beim Pergolabau sagt, gesetzt. In gleicher Form werden auch die Balken einer Überdachung aufgesetzt.

Unterstützung bei größeren Abständen

Allzuviele Stützen wirken manchmal doch etwas störend. Besonders bei größeren Überdachungen wird man in vielen Fällen eine Zwischenstütze neben den gewohnten Eck- und Endstützen einsetzen müssen. Um dann aber nicht noch weitere Stützen aufstellen zu müssen, bleibt entweder nur die Wahl zwischen bedeutend kräftigeren Balken mit entsprechend größerem Querschnitt oder eben den Schrägstützen. Eine kräftige Konstruktion, besonders bei bestimmten Gartenbauten, sieht zwar recht gut aus, aber zu massige Anlagen schlagen dann ins Gegenteil um. Über die Materialkosten soll in diesem Zusammenhang gar nicht gesprochen werden. Die Schrägstützen haben aber auch noch eine zweite Funktion. An sich gegenüberliegenden Stützen angebracht, sorgen sie für eine gute Querstabilität der Anlage.

Wichtig ist die richtige Anbringung der Streben. Sie sollen, wenn eben möglich, in die Stütze und die oberen Balken eingezapft werden. Wenn sie stumpf (so der fachliche Ausdruck für eine nicht vorhandene Zapfenverbindung) zwischen die bezeichneten Hölzer geschraubt, genagelt oder mit Blechen befestigt werden, lockern sich, auch bedingt durch Witterungseinflüsse, die Verbindungen, und die tragende und stützende Funktion ist nicht mehr voll gegeben. Auch nur durch den Belastungsdruck von oben her kann es zu Verschiebungen oder zum Abrutschen kommen. Will oder kann man keine Schlitz- und Zapfenverbindung herstellen, sollte zumindest die auf der Zeichnung dargestellte Auskerbung vorgenommen werden. Konsequenterweise ist es angebracht, diese Auskerbung auch bei den oberen Querbalken zu schneiden. Die Schräg-

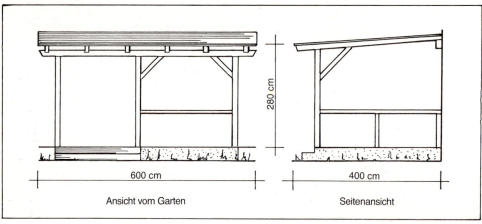

Ansicht und Seitenansicht einer geschlossenen Überdachung. Immer wieder Schrägstützen, die für die Querstabilität sorgen.

Aufbau

streben können jetzt unmöglich verrutschen oder in einer Richtung nachgeben. Die doch noch benötigten Schrauben oder Nägel haben so nur noch eine Haltefunktion. Oberhalb der Stütze kann übrigens, wie hier gezeigt, der Balken geteilt werden.

Konsolen als Unterstützung
Ähnlich wie bei den schon vorgestellten Wandkonsolen, sind auch diese beiden Konsolen an beiden Seiten einer Stütze ausgeführt. Im Gegensatz zu den vorerwähnten Konsolen haben diese beiden Stücke mehr eine schmückende Funktion. Sie sorgen zwar für eine größere und bessere Balkenauflage, aber die Stütze allein nimmt alle Belastungen auf. Die Stabilität der ganzen Anlage wird durch diese schönen Spielereien nur geringfügig erhöht.
Auch der Konstruktion angepaßte Metallkonsolen sind denkbar.

Anstelle einer Eckstütze sind hier vier Stützen, die gleichzeitig das Rankgerüst für die im Pflanzenbehälter untergebrachten Pflanzen bilden.

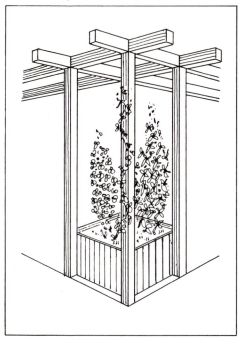

Abstützung mit Blumenkübel
Hier geht es um eine Eckabstützung, die serienmäßig nicht so leicht erhältlich ist. Gewohnt ist man eine Einzelstütze mit oder ohne Schrägstreben. In diesem Eckbereich sind gleich vier, allerdings schwächere Stützen vorgesehen. Was die Belastung angeht, so hätte eine Stütze ausgereicht, denn das Dach ist nicht schwerer als die üblichen Dächer. Die vier Stützen dienen vielmehr als Klettergerüst für Rankgewächse, welche in einem Behälter untergebracht sind, der zwischen den Stützen errichtet wurde. Als zusätzliche Kletterhilfen können zwischen den Hölzern oder zwischen Pflanzenbehälter und Überdachung noch Drähte gespannt werden. Ein Rankgitter wäre hier nicht angebracht.
Der Behälter, zumindest aber die Umrandung, besteht aus Holz. Ob man einen großen Pflanzencontainer hineinstellt oder die Innenwände mit einer kräftigen Folie auskleidet, kommt auf die speziellen Wünsche an. Die äußere Umrandung besteht aus senkrecht angebrachten Profilholzbrettern, die mit der gleichen Farbimprägnierung behandelt werden wie die übrige Anlage. Auch die Innenflächen werden so behandelt. Bei einer nicht-unterkellerten Terrasse kann man im unmittelbaren Behälterbereich einige Bodenplatten entfernen. Man schafft so einen direkten Erdanschluß, was den Pflanzen sicher gut bekommt. Die Überdachung besteht aus gleichmäßig starken Hölzern im Quer- und im Längsbereich. Die Abstände ergeben sich aus der Behältergröße, die hier mit 80 × 80 cm angenommen wurde.

Eigenwillige Stützenanordnung
Man muß nicht unbedingt immer die gleichen Ausführungen wählen, sondern sollte auch den Mut zu etwas eigenwilligen Lösungen haben. So können beispielsweise die vorderen Stützen der Überdachung durchaus einmal nach der Gartenseite hin geneigt sein. In Verbindung mit einer Schrägstrebe sieht diese Lösung noch nicht einmal so schlecht aus. Angebracht ist diese Ausführung, wenn die Überdachung weit vor die Terrassengrundfläche vor-

Terrassenüberdachungen

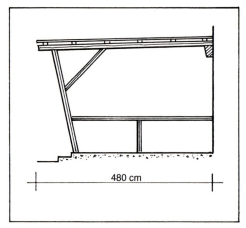

Langweilige Ausführungen sollten einmal vergessen werden. Haltbarkeit und Stabilität sind auch hier gegeben.

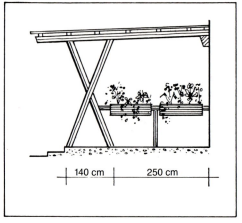

Diese X-Halterung läßt sich wegen des benötigten Platzes nur an den Seiten errichten. In Verbindung mit dem Geländer aber eine schöne Sache.

gebaut werden soll. Um Kritiker gleich zu beruhigen, man kann mit einer senkrechten Stütze und einer Schrägstrebe in Richtung Garten die gleiche Wirkung bezüglich Unterstützung des Dachbalkens erreichen. Die Dachbalken sollen in diesem Fall auch gut an der Hauswand befestigt sein. Die untere Terrassenabtrennung ist an der Stütze befestigt. Diese Abtrennung ist erforderlich, da um die Terrasse herum Anpflanzungen vorgenommen wurden.

Ein X als Dachhalterung

Ebenfalls eine ansprechende Dachunterstützung, die aus dem Rahmen des sonst gewohnten Bildes fällt. Sie eignet sich allerdings mehr für die Abstützung der beiden äußeren Balken, da sie im Mittelbereich doch zuviel Platz beansprucht. Man kann sich nur so helfen, indem man auf beide Stützen besonders kräftige Längsbalken auflegt, sodaß sich eine Unterstützung dieser Balken erübrigt. Andererseits könnten im Mittelbereich der Überdachung auch wieder senkrechte Stützen stehen. Möglichkeiten, eine interessante Überdachung zu schaffen, finden sich immer. All diese Vorschläge sind als Anregungen zu verstehen und müssen nicht auf den Zentimeter genau nachgebaut werden.

Überdachungen

Wie schon gesagt, kann man zwischen geschlossenen, also regen- und wetterfesten Überdachungen, und offenen pergolaähnlichen Überdachungen unterscheiden. Während bei den verglasten Überdachungen überwiegend strengere Formen das Bild bestimmen, schon aus verglasungstechnischen Gründen, wird bei den offenen Überdachungen bedeutend freier gestaltet. Das gilt nicht nur für selbstentworfene und gebaute Anlagen. Gerade in letzter Zeit sind von einigen fortschrittlichen Herstellern ganz besonders gelungene Anlagen vorgestellt worden, die nicht mehr zu vergleichen sind mit den einfachen Anlagen früherer Zeiten, die sich im Detail kaum voneinander unterschieden. Der Kunde verlangt heute einfach etwas mehr und ist auch bereit, den Preis für eine aufwendigere Konstruktion zu bezahlen.

Welcher Platz steht zur Verfügung?

Die entscheidende Frage vor dem Kauf oder dem Selbstbau einer Überdachung ist und bleibt die Platzfrage. Das trifft besonders für Reihenhäuser mit knapp geschnittenen Grundstücken zu. Aber auch frei stehende Häuser verfügen, schon wegen der Bodenprei-

Aufbau

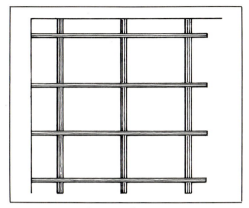

Oben: Unter dieser offenen Überdachung befindet sich eine Eckterrasse.

se, nicht über unbegrenzte Möglichkeiten. Allerdings kann man hier etwas freier planen. Um eine bestimmte, etwas aufwendigere Anlage richtig aufbauen zu können, läßt sich bei freistehenden Häusern eine Terrasse schon einmal verbreitern oder sonst irgendwie verändern.

Die zweite Frage schließt sich an und lautet ganz schlicht: Was will man auf der Terrasse und unter der Überdachung unterbringen und wird eine übergroße Terrasse überhaupt benötigt oder genutzt? Da sich diese Frage für die Nutzung von Wintergärten auch stellt, ist dort auf S. 116 etwas zum Thema Platzbedarf gesagt. An der Möbelstellung wird deutlich, was an Platz benötigt wird.

Unten: Eine aus sehr kräftigen Hölzern hergestellte Terrassenüberdachung.

Terrassenüberdachungen

Verschiedene Dachkonstruktionen

Der ganze Fragenkomplex von der Terrassengröße und der dazu gehörenden Überdachung läßt sich allein schriftlich nicht lösen. Deshalb soll zunächst einmal an einigen Beispielen gezeigt werden, wie eine solche Planung aussehen könnte. Die ersten beiden Terrassenflächen sind ca. 3 × 3 m groß. Der Zugang von der Wohnung liegt im Bereich der linken Wandecke. Der Bodenbelag soll nur am Rande betrachtet werden.

Strahlenförmige Ausführung

Der größte Teil der zur Verfügung stehenden Fläche wird von einer Sitzgruppe, bestehend aus einem Tisch und vier Stühlen eingenommen. Platz für eine Sonnenliege oder weitere Möbel ist nicht mehr vorhanden. Bei der Einrichtungsplanung muß man berücksichtigen, daß man auch noch um die Möbel herumgehen muß. Der Tisch hätte in diesem Beispiel zwar etwas an die Seite geschoben werden können, aber das hätte nicht viel gebracht. Zwischen den Pfosten bzw. den Stützen, welche das Dach tragen, sind sozusagen als Terrassenbegrenzung größere Blumenkästen aufgestellt worden. An der hinteren Wand steht ein weiterer Blumenbehälter. Dieser Platz kann aber auch für einen fahrbaren Grill oder ein kleines Beistelltischchen genutzt werden. Zu erwähnen wäre noch, daß es sich hier um ein winkelförmig angelegtes Wohnhaus handelt. Für die Überdachung heißt dies: Wir haben zwei feste Wände.

Zur Sonne hin offen, so könnte man diese Dachform auch bezeichnen. Wie auf dem Möblierungsplan angedeutet, geht es aus der Hausecke heraus in den Garten hinein. Die Balkenanordnung unterstreicht diese Richtung. Die tragenden Balken sind einmal an den vier Stützen und weiter an den beiden Hauswänden befestigt. Auf diesen Balken liegen dann die Pfetten. Der Endabstand liegt bei etwa 80 cm. Wem der Abstand zu groß ist, kann zwei oder drei weitere Hölzer auflegen. Über die Befestigung ist ja schon genug gesagt worden. Durch den Halt an den Wänden steht die ganze Anlage sehr gut. Wäre hier eine rechteckige Überdachung vorgesehen, müßte man die Hauptlaufrichtung verändern, da dann genau im Eckpunkt eine Stütze notwendig gewesen wäre. Dadurch wird deutlich, daß durch die Möblierung schon gewisse Voraussetzungen geschaffen werden. Beide Planungen sollen also ineinandergreifen, will man ein optimales Ergebnis.

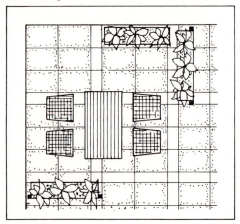

Die Stellung der Möbel wird durch die Stützen der rechts gezeigten Überdachung bestimmt. Die Grundfläche beträgt ca. 3 × 3 m. Eine kleine Terrasse.

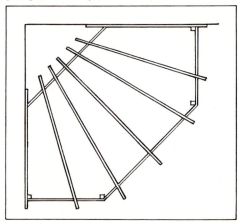

Strahlenförmig aus der Hausecke heraus ist diese offene Überdachung angelegt. Sie paßt zu dem links gezeigten Grundrißplan.

Aufbau

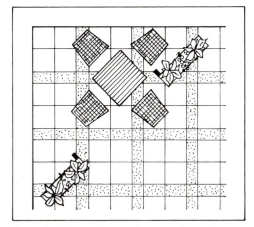

Blumenbehälter, neben den Stützen aufgestellt, begrenzen diese kleine Eckterrasse.

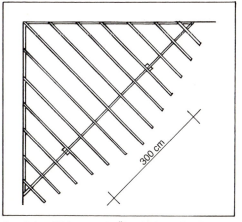

Zum linken Bild passende Überdachung. Die Pfetten liegen auf Wandbalken und einem langen Tragholz.

Strenge Linien

Beim nächsten Beispiel kann man schon an der Möbelierung erkennen, wie die Dachform einmal aussehen könnte. Auch auf dieser Terrasse ist nur Platz für einen quadratischen Tisch und vier Stühle. An den Stützen angestellt, und auch wieder nur als Begrenzung gedacht, zwei Pflanzenbehälter. Die eigentliche Terrassenfläche ist durch diese Begrenzung, die auch die Abstützung des Daches bestimmt, recht klein ausgefallen. Will man mehr Sonne, muß man schon in den Teil vor der Überdachung ausweichen. Auch hier hat man sich wieder viel Mühe mit dem Bodenbelag gegeben.

Eine strenge Ausrichtung der Pfetten kennzeichnet diese recht große Überdachung. Der Abstand zwischen den einzelnen Hölzern liegt bei 50 cm. Das ist schon fast eine geschlossene Überdachung. Will man eine solche Anlage verglasen, kann praktisch jedes zweite Holz entfallen. Zu lange, vor allem aber zu schmale Gläser lassen sich allein schon wegen der Bruchgefahr sehr schlecht verlegen. Querfugen sehen nicht gut aus. Der freie Durchgang oder der Abstand zwischen den Stützen beträgt genau 3 m. Die Stabilität der gesamten Anlage wird wieder durch die an den beiden Wänden angebrachten Balken, auf denen die Pfetten aufliegen und zusätzlich befestigt sind, erreicht. Der freie Überstand der mittleren und längsten Pfette liegt bei ca. 90 cm. Der etwas außerhalb stehende Stuhl der Sitzgruppe befindet sich noch unter der Überdachung. Um die genauen Maße festzulegen, sollte man den Grundrißplan der Überdachung auf der Terrasse aufzeichnen. Das erleichtert den Zuschnitt der einzelnen Hölzer.

Eine Pergola ersetzt die Überdachung

Wegen der nur angedeuteten Überdachung kommt sehr viel Licht und Luft auf diese Terrasse. Es handelt sich hier um eine sehr große Terrasse, auf der neben der schon üblichen Sitzgruppe auch noch ausreichend Platz für eine Liege ist. Die Eckpergola ist an zwei Mauerwänden befestigt und begrenzt recht deutlich die Terrasse. Sie kann leicht als Rankgerüst genutzt werden, wodurch nach und nach eine zusätzliche Wand entsteht. Da sich die Berankung im oberen Bereich fortsetzen wird, sitzt man bald in einer Pflanzenlaube. Obwohl die Balkenlage nicht über die gesamte Fläche der Terrasse geführt ist, wird man trotzdem den Eindruck haben, unter einer geschlossenen Überdachung zu sitzen. Man kann die Anlage je nach seinen Vorstellungen ergänzen und beispielsweise auch den langen Schenkel noch bepflanzen. Allerdings muß

Terrassenüberdachungen

Eine nicht alltägliche Lösung, die selbstverständlich den örtlichen Verhältnissen angepaßt ist.

Überdachung, Umrandung und Rankgerüst zugleich. Der Bewuchs kann durch Spanndrähte bis an das Haus herangeführt werden.

man einen Durchgang zum Garten freilassen oder zumindest in jedem Frühjahr freischneiden. Wenn die Kletter- und Rankgewächse einmal Fuß gefaßt haben, sind sie ja kaum noch zu bändigen. Wenn man dann immer noch den freien Raum durch eine Berankung schließen möchte, kann man Drähte zu den beiden Hauswänden spannen, an denen sich die Rankgewächse halten können. Man wird aber sicher schon zufrieden sein, wenn nur die Umrandung zugewachsen ist. Im Eckbereich kann innerhalb der Anlage wieder ein größerer Pflanzenbehälter aufgestellt werden. Weiter könnte der Sockelbereich zumindest in Teilbereichen bis auf eine Höhe von ca. 50 cm mit einer Verbretterung geschlossen werden. Dadurch werden Zugerscheinungen vermieden. Die Liste der Zusatzarbeiten und der Zusatzeinrichtungen ließe sich fortsetzen. Man denke nur an eine Duschanlage, die ohne größeren Aufwand und ohne daß sie groß in Erscheinung tritt, hier errichtet werden könnte. Wenn die Abtrennungen berankt werden, wird man sie später kaum noch bemerken.

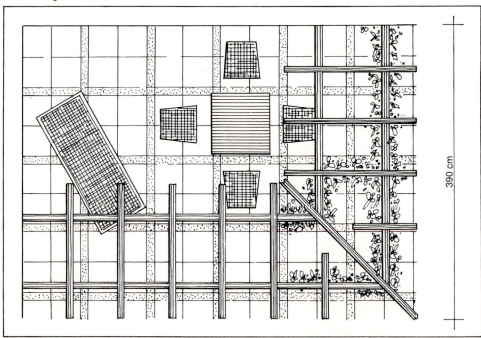

Aufbau

Strahlenförmig ausgerichtete, offene Überdachung und Pergolaanlage in Verbindung mit einer Windschutzwand.

Pergola anstelle einer offenen Überdachung

An diesem Beispiel soll nur ein weiteres Mal gezeigt werden, wie eine Terrassenüberdachung gestaltet werden kann. Diese Pergola-Anlage ist nicht unbedingt an zwei feste Hauswände gebunden. Wenn man möchte, kann man sie auch ganz unabhängig von eventuellen Hauswänden, frei im Garten aufbauen. Denkbar wäre ein befestigter Sitz- und Spielplatz, der durch eine solche Anlage nach allen Seiten etwas eingegrenzt wird. Wenn man sich die Zeichnung genauer ansieht, wird man feststellen, daß sich das ganze Gerüst auf den 4 Kreuzungspunkten aufbaut. Hier sind jeweils 4 Stützen vorgesehen, zwischen denen, wie schon beschrieben, ein großer, festeingebauter Blumenbehälter aufgestellt ist. Von diesen Behältern aus soll einmal das ganze Gerüst berankt werden. Zur Konstruktion ist festzuhalten, daß die längeren Querriegel durch Schrägstützen vor einer eventuell möglichen Durchbiegung bewahrt werden müssen. Eine zusätzliche Stütze soll auf keinen Fall gesetzt werden, da sie doch den freien Durchgang zu sehr stören würde. Auch ein Zusammenrücken der Kreuzungspunkte würde die freie Fläche zu sehr begrenzen. Als Alternative könnte der ganze Mittelbereich geschlossen werden. Anstelle der 5 bzw. 10 Pergolareiter würden 5 lange Überdachungshölzer oder Pfetten treten (s. S. 32).

Auch ein Drahtgitter kann als Alternative zu den Holzpfetten verwendet werden.

Terrassenüberdachungen

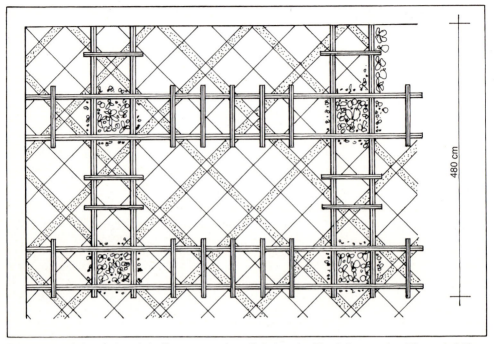

Diese Pergola-Anlage steht auf vier Kreuzungspunkten. Zwischen den Einzelstützen stehen Pflanzenbehälter.

Besondere Gestaltung der Überdachung

Bisher war die Rede von Überdachungen, die zum größten Teil doch recht schlicht und zweckmäßig ausgeführt wurden. Das galt sowohl für die offenen als auch für die geschlossenen Dächer. Man kann aber aus diesen Überdachungen noch viel mehr machen.

Flachgeneigte Überdachungen ohne Verglasung

Zusätzlich zu den einfachen Balken können zwischen diesen Balken besonders gestaltete Holzelemente montiert werden. Die Elemente sind aus 10 cm breiten Brettern hergestellt. Da die Sonne besonders an den Nachmittagen sehr schräg in einen Raum einfällt, wird durch diese aufrecht angeordneten Bretter schon einmal eine gewisse Schattenwirkung erreicht. Etwas aufwendig in der Herstellung und der Bearbeitung sowie vom Material her ist diese Geschichte schon. Zwischen den Pfetten müssen in gleicher Höhe auch noch Querhölzer gleicher Stärke und Breite angebracht werden. Zwischen diesem tragenden Gerüst werden dann die separat angefertigten Blendenelemente angebracht. Die quadratischen Elemente werden einfach zusammengenagelt. Sie üben keine tragende Funktion aus. Mit Abstandhaltern, die aus rechteckigen Holzstücken bestehen, werden sie dann am Traggerüst befestigt. Für die Anbringung werden Hilfskräfte benötigt.

Rhomben als Dachfläche

Etwas durchlässiger, aber sicher nicht uninteressanter, wirkt diese Dachfläche. Zunächst ist

Rechts oben: Die einzelnen Elemente werden mit Abstandhaltern zwischen die Balken geschraubt.

Rechts unten: Einzelelemente in Rhombenform sind hier zwischen den Pfetten befestigt.

Aufbau

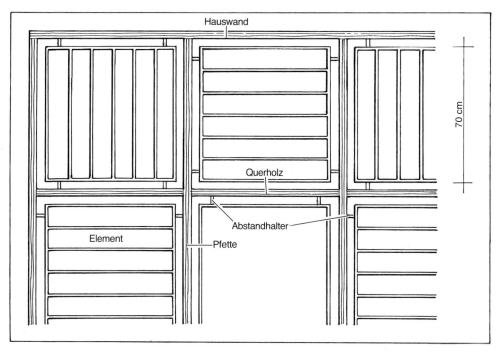

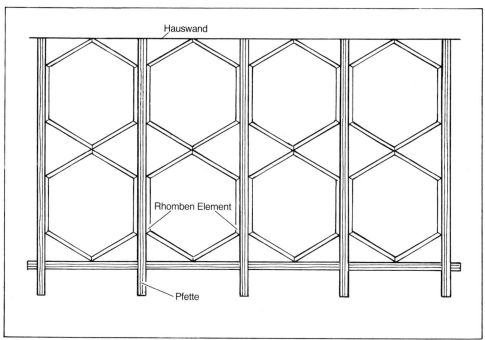

Terrassenüberdachungen

es wieder eine ganz normale Überdachung bestehend aus den Stützen, den Tragbalken und den Pfetten. Bei einer bereits vorhandenen Anlage müssen die Rhomben nach gegebenen Zwischenabständen gebaut werden, bei Neuanfertigungen kann man bedeutend freier planen und seine Größenvorstellungen verwirklichen. Die Rhomben, die vorher nach Maß angefertigt wurden, werden ganz einfach zwischen die Pfetten geschraubt. Um die Formen noch mehr zu betonen, können auch wieder Abstandhalter eingesetzt werden. Da im freien Luftraum gearbeitet wird, sind Hilfskräfte auch bei dieser Montage willkommen. Wie die Rhomben angefertigt werden, wird recht ausführlich bei der Herstellung einer Behälterumrandung (S. 102) beschrieben. Auch hier kommt es, besonders bei der Herstellung der Verbindungen, auf eine ordentliche und saubere Arbeit an. Die Brettbreite richtet sich nach der Pfettenhöhe. Da die Elemente nicht belastet werden, kommt man mit einer Brettstärke von 20 mm aus.

Absenkung des vorderen Abschlusses
Hier wird mit einem kleinen optischen Trick gearbeitet.
Um einer sehr hoch angebrachten Überdachung ein niedriges Aussehen zu geben, ist die Abschlußblende heruntergezogen worden. Andererseits ist dies aber auch wieder eine interessant aussehende Überdachungsform. Diese Anlage besteht aus den Stützen, dem Quer- und Auflageholz und den Pfetten. Soweit ist alles noch bekannt. Dazu kommt jetzt ein Schrägholz, ein kurzes Verbindungsstück und eine über die ganze Breite reichende Blende. Der zusätzliche Materialaufwand hält sich also in Grenzen. Man könnte die Blende auch unmittelbar an den Stützen befestigen, aber das sähe dann doch zu einfach aus und brächte auch nicht die erhoffte Wirkung. Etwas mehr

Unten links: Eine etwas eigenwillige Überdachung mit einer heruntergezogenen Blende.

Unten rechts: Seitenansicht der Überdachung mit heruntergezogener Blende.

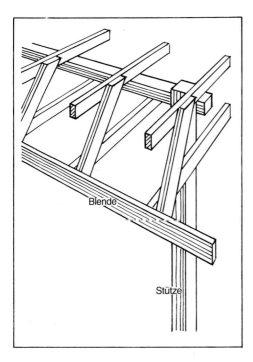
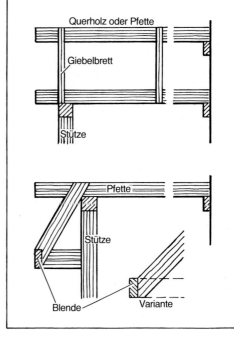

Holz und etwas mehr an Konstruktion machen eben mehr aus dieser Überdachung.
Die Schräghölzer, am besten werden Bohlen verwendet, werden an den Pfetten befestigt. Im unteren Teil werden sie ausgeklinkt oder einfach schräg abgeschnitten und mit den kurzen Verbindungshölzern verbunden. Die vordere Blende wiederum wird mit den beiden zuvor genannten Hölzern verschraubt. Die kurzen Verbindungshölzer werden nur dort benötigt, wo auch eine Stütze steht. Das Blendenbrett kann man vorher noch besonders gestalten, indem Rundungen und Einkerbungen eingeschnitten werden. Ebenso ist ein breiteres, noch auffälligeres Brett kein Fehler. Wichtig sind letztlich nur haltbare Verbindungen und Anschlüsse.

Ausgefallene Gestaltungselemente
Um den Terrassenüberdachungen ein besonderes Aussehen zu geben, ist fast alles erlaubt, was diesen Bemühungen zum Erfolg verhilft. Heimwerkerdenkmale soll man allerdings nicht bauen, denn so etwas wirkt manchmal

Der vordere Abschluß der Terrassenüberdachung ist abgesenkt, um der Anlage ein niedrigeres Aussehen zu geben.

Blick in die Terrassenüberdachung, die ebenfalls mit einer abgesenkten Umrandung ausgeführt ist.

Terrassenüberdachungen

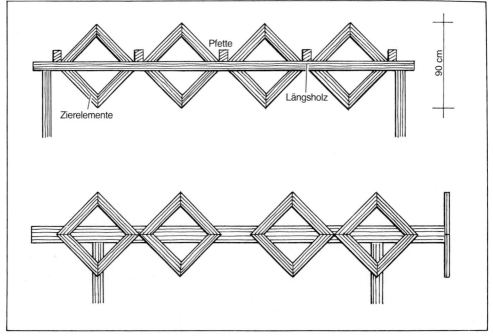

Rahmenelemente, einmal befestigt zwischen den Pfetten und einmal auf der Blende angebracht. Hier muß unbedingt die Kopfhöhe beachtet werden. Andere Elemente sind möglich.

doch etwas peinlich. Als Anregung hier zwei Beispiele. An der Rückseite des tragenden Längsbalkens sind genau zwischen den Pfetten quadratische Rahmen angeschraubt worden. Diese Rahmen sind auf die Spitze gestellt. Der Abstand zwischen beiden Spitzen beträgt 90 cm. Die Rahmenbretter werden auf Gehrung geschnitten und mittels Nut und Feder zusammengebaut. Der Pfettenabstand beträgt ebenfalls 90 cm. Die Pfetten können auch innerhalb der Rahmenöffnung liegen. Die Rahmen kann man in dieser Form nur anbringen, wenn die Überdachung ausreichend hoch ist. Angstgefühle, daß man sich an den Spitzen stoßen könnte, dürfen erst gar nicht aufkommen.

Bei einer anderen Lösung sind die Rahmenelemente, es können auch glatte Tafeln sein, auf der Außenseite einer breiten, umlaufenden Blende angeschraubt worden. Die Pfetten werden von der Blende verdeckt. Auf den Platten können Wappen aufgemalt, Geweihe oder präparierte Vögel oder sonstige Trophäen angebracht werden. Es müssen auch nicht unbedingt quadratische Platten sein. Man sieht also, daß vieles möglich ist.

Giebelüberdachungen

Jetzt wird es noch schöner, denn wer noch mehr aus seiner Terrassenüberdachung machen möchte, dem kann auch geholfen werden. Anstelle der Aufwertung innerhalb des flachgeneigten Daches geht es hier in die Höhe, d. h., es wird noch ein Dach draufgesetzt. Dabei kann man selbstverständlich auch wieder unterscheiden zwischen einer offenen und einer geschlossenen Dachfläche. In diesem Fall muß man fast schon Dachflächen sagen, denn die Konstruktion besteht aus mehreren, aneinander gesetzten Dächern. Wie man sich

Aufbau

denken kann, bieten sich besonders für die leichteren offenen Überdachungen sehr viele Ausführungsmöglichkeiten an. So können beispielsweise schon einmal zwei Giebelelemente zusammen gebaut werden, die dann von einem gemeinsamen Stützenpaar gehalten werden. Legt man auf die Stützen und die Wandhalterung einen der schon bekannten Balken, können mehrere Giebelelemente hintereinander gestellt werden. Im unteren Bereich liegen diese Dreiecke auf dem Balken auf, während in der Spitze ein weiterer, schwächerer Balken vorgesehen wird, der fast nur dafür sorgt, daß der Zwischenabstand gleich bleibt. Die ganze Konstruktion ist im Grunde nur eine optische Aufwertung der Überdachung, mehr nicht.

Handfestere Konstruktionen für das geschlossene Dach

Die nun vorgestellten Konstruktionen sind bedeutend aufwendiger in Bezug auf das Material, das Gewicht und die zu erwartende Verarbeitungszeit. Diese Dachausführungen müssen nicht mit Glas oder ähnlichen Erzeugnissen abgedeckt werden, aber sie sind so stabil in der Ausführung, daß eine spätere Abdeckung immer noch möglich ist. Wenn eine Verglasung vorgesehen wird, ist ja nicht nur an das Glasgewicht zu denken, sondern Schnee- und Windlasten sind neben den Entwässerungsproblemen ebenfalls zu bedenken. Eine Ausführung wird etwas näher beschrieben, dazu werden einige Detailfragen und Detaillösungen besonders herausgestellt. Vorab sei noch festgehalten, daß die Giebelelemente entweder auf dem Längsbalken aufliegen oder von speziellen Pfetten getragen werden. Auf die große Wirkung hat dies keinen entscheidenden Einfluß.

Erst eine leichtere Ausführung

Diese hier verwendeten Giebelbretter sind mit Schrauben oder Anschraubblechen an breiten Bohlen befestigt, die auf zwei kräftigen Längs-

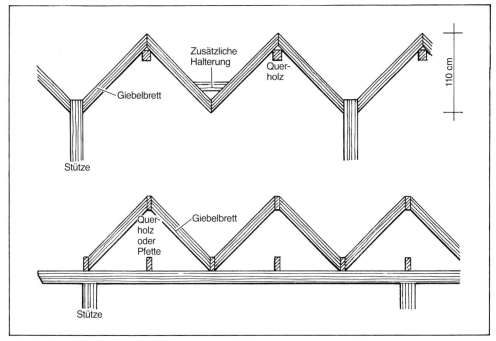

Giebelüberdachungen. Die Ausführungen sind mit einem flachgeneigten Dach überhaupt nicht zu vergleichen.

So könnte auch Ihre Giebelüberdachung einmal aussehen.

balken aufliegen. In der Giebelspitze ist eine weitere Bohle angeordnet, an welcher die Giebelbretter ebenfalls befestigt sind. Zusätzliche, ebenfalls aufrecht stehende Bohlen haben keine Wirkung auf die Konstruktion. Von der Vorderfront her gesehen sollte hintereinander in einem Abstand von ca. 70–80 cm eine solche Giebelreihe angeordnet werden. Weitere Auflagelatten für die Anbringung von leichten, durchsichtigen Kunststoffplatten sind erst einmal nicht erforderlich. Die Entwässerungsfrage ist hier noch nicht betrachtet worden.

Eine Ausführung für höhere Ansprüche

Eine ähnliche aber kräftigere Lösung ist nur im Detail dargestellt. Auch hier liegt alles wieder auf dem Längsbalken. An die Stelle der Bohlen sind hier allerdings kräftige Balken getreten. Die kräftigen Bretter, welche den Giebel bilden, sind recht geschickt ausgeklinkt. Sie stützen sich unten auf dem Holz ab, ohne das sie abrutschen können. Oben liegt der Firstbalken in beiden Ausklinkungen. Dieses Bausystem ist einem bekannten Hersteller abgesehen, ohne daß weitere Maße und Besonderheiten übernommen wurden. Praktisch hält sich die Angelegenheit von selbst, trotzdem muß für eine ausreichende Befestigung gesorgt werden.

Auf diese Giebelbretter werden Dachlatten genagelt, auf denen dann wieder die Dachplatten angebracht werden. Es sind auch wieder leicht durchsichtige Kunststoffplatten. Da ein Sicherheitsglas, und nichts anderes darf hier wegen der Splittergefahr verlegt werden, recht teuer in der Anschaffung ist, bieten sich die erwähnten Platten fast von selbst an. Man kann also nicht machen was man will, und

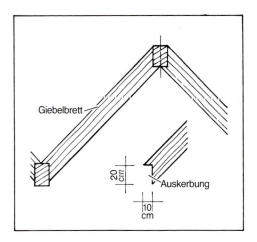

Durch die überlegte Auskerbung stützt sich das Giebelbrett auf dem unteren Balken ab, während es oben den Balken hält.

Aufbau

diese Vorschriften sind zur eigenen Sicherheit erlassen. Mehr zu diesen Fragen im Kapitel »Alles über Glas« (S. 81).

Wie wird das Regenwasser abgeleitet
Nachdem die Fragen der Giebelfertigung und ihr Aussehen beschrieben wurden, muß auch die Frage der Wasserableitung angesprochen werden. Bei geschlossenen Dächern und besonders bei Mehrfachgiebel-Dächern läuft das Wasser nun einmal zu den tiefsten Punkten und muß von diesen Stellen umgehend weggeführt werden. Gelingt das nicht, kann man solche Überdachungen glatt abschreiben. Die Skizzen zeigen zwei denkbare Lösungen, die sich beide leicht herstellen lassen und die sich in der Praxis auch schon bewährt haben. Nicht zu vergessen ist in beiden Fällen eine Folienauskleidung. Bei der kleineren und engeren Ausführung kann auch eine Kunststoffrinne in die sozusagen abdeckende Holzrinne montiert werden. Die Holzrinne selbst besteht aus zwei Brettern, die zusammengefügt und an die Giebelbretter genagelt werden. Die Abdeckungs- oder Dichtungsfolie wird in die Rinne eingelegt und an den oberen Kanten befestigt. Die Dachplatten müssen in die Rinne hineinragen und liegen auf den Folienenden auf. Bei Wolkenbrüchen, dies sei an dieser Stelle nicht verschwiegen, kann das Wasser schon einmal so stark ansteigen, daß es zwischen die Folie und die Platten dringt und heruntertropft. Dies geschieht aber nur in Ausnahmefällen. Schlechter sieht es dann schon im Winter aus, wenn sich der Schnee in diesen tiefen Stellen sammelt und nicht wegzubekommen ist. Der obere Bereich des Giebels ist frei, aber hier unten, wo eine Erwärmung erst später einsetzt, bekommt man etwas Ärger. All das muß beachtet werden, wenn man einmal etwas Besonderes schaffen möchte. Sollte es Probleme geben und das Entfernen des Schnees schwierig sein, können Sie sich vom Elektriker ein Heizkabel in die Rinne legen lassen.
Die zweite Möglichkeit, eine Rinne anzufertigen, sieht etwas anders aus. Da die Giebelbretter seitlich an den tragenden Hölzern befestigt sind, ergibt sich zwangsläufig ein breiterer Bo-

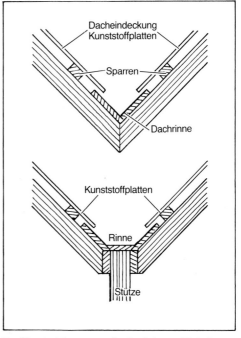

Der Konstruktion angepaßte Dachrinnen. Einfacher geht es nicht. Auf der Holzverkleidung werden kräftige Folien befestigt und die Rinne ist dicht.

den. Die Rinne besteht hier aus drei Teilen, die alle wieder sorgfältig zusammengefügt und an den Giebelbrettern und den Traghölzern befestigt werden. Der weitere Fertigungsverlauf ist bekannt.
Wie und wohin das anfallende Wasser abgeleitet wird, kommt auf die örtlichen Verhältnisse an. Entweder wird an der vorderen Front eine durchlaufende Rinne angebracht, ebenfalls aus Holz, und das Wasser seitlich abgeleitet oder diese Dreiecksrinnen werden weiter nach vorne verlängert, damit das Wasser vor der Überdachung ablaufen kann. Damit das Wasser nicht wild heruntergeplätschert, sollte man am Rinnenende eine Kette anbringen, an der das Wasser gezügelt herunterläuft. Im Boden sind dann Entwässerungsrinnen oder Drainagerohre zu verlegen, die für den Weitertransport sorgen. Interessante Lösungen gibt es auch für Wassersammelbecken.

Zusätzliche Ausstattung

Sicher bieten einige Hersteller viele zusätzliche Ausstattungselemente wie Sichtschutzwände oder sogar Wandverkleidungen fix und fertig verglast an. Ebenso werden, wie bekannt, unterschiedliche Hölzer angeboten. Die Angebotspalette reicht bis zum passenden Blumenkasten, den es selbstverständlich dann auch noch in mehreren Größen und mehreren Ausführungen gibt. Wenn dieses Angebot immer noch nicht reicht, müssen eben maßgeschneiderte Zusatz- und Ergänzungsteile angefertigt werden. Freude macht es ganz sicher.

Oben: Überdachung aus einer Metallkonstruktion mit umlaufender Blende.

Schiebewände als Sonnenschutz

Diese auf der Zeichnung dargestellte pergolaähnliche Konstruktion besteht aus schweren Balken, hat ansonsten aber keine Seitenwände und auch kein geschlossenes Dach. Eine stärkere Sonneneinstrahlung ist hier nur von der Gartenseite, also von der Vorderfront zu erwarten. Da man natürlich die Vorderfront und

Unten links: Ansicht eines Schiebeelements, das vor der tiefstehenden Sonne schützen soll. Den gleichen Zweck erfüllen auch vorgespannte Tücher.

Unten: Oberer Detailpunkt des Schiebeelements. So einfach läuft der Rahmen in der Halterung.

Ganz unten: Das Tuch, das den Schieberahmen ersetzt, wird an den Ecken durch Leder verstärkt. Die Ösen werden mit einer Spezialzange eingelassen.

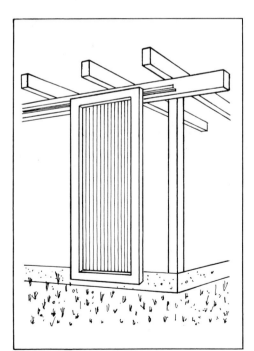

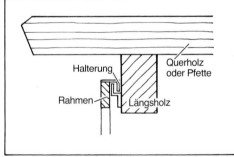

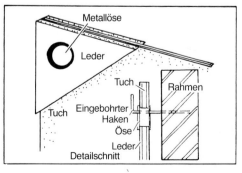

Zusätzliche Ausstattung

damit die Sicht in den Garten nicht verdecken, aber sich doch vor der Sonne schützen wollte, mußte man sich etwas einfallen lassen. Ein gewisser Windschutz wurde ebenfalls gewünscht.

Das Ergebnis der Überlegungen waren Blenden, die sich entweder nach rechts oder links oder zu einer großen Fläche zusammenschieben lassen. Die Rahmen sind sehr leicht gebaut und lassen sich auch leicht aus den Schienen herausnehmen, wenn sie nicht benötigt werden. Ob die Rahmen nun verglast, oder mit Stoff oder einem anderen Material bespannt werden, bleibt dem Hersteller überlassen. Anstelle der Rahmen kann man auch Segeltuch, Markisentuch oder sonst ein festeres Material umnähen, mit Ösen versehen und an Haken, die unten am Boden oder oben am Querholz eingedreht sind, festhängen. Wie die Rahmen können auch diese Tücher leicht abgenommen und gelagert werden. Wie die Rahmen geführt werden, ist den Zeichnungen zu entnehmen. Wenn man so etwas bauen möchte, sollte man sich auf eine möglichst einfache Ausführung beschränken; dies gilt auch für die Schienen und ihre Anbringung. Natürlich gibt es für Schiebetüren viel aufwendigere, auf Rollen laufende Beschläge. Zu oft wird die Anlage, ganz nebenbei bemerkt, auch nicht benutzt.

Seitlicher Sicht- und Windschutz

Hier wird jetzt eine Holzwand näher beschrieben, die in wesentlichen Teilen aus versetzt angeordneten Brettern besteht. Die Luft kann zwar durch die Wand, aber durchsehen kann man, eben wegen der versetzten Bretter, nicht. Die Herstellung sollte keinen Hausbesitzer vor Probleme stellen. An 2 Querhölzern, ca. 15 cm breit, werden auf beiden Seiten 12 cm breite Bretter geschraubt. Zwischen den Brettern läßt man einen Abstand von 8 cm, so daß sich die Bretter auf jeder Seite 2 cm überdecken. Durch diese versetzte Anordnung sieht die Abtrennung auch etwas leichter aus. Die Höhe der Wand sollte bei 180 cm

Seitenwand einer Terrasse. Diese Wand aus versetzt angeordneten Brettern läßt zwar die Luft durch, aber eine Durchsicht ist nicht möglich. Durch die versetzte Brettanordnung wird viel Material benötigt. Auch das Gewicht ist entsprechend groß, so daß für die Montage Hilfskräfte benötigt werden.

Die Draufsicht zeigt, wie die Wand angefertigt wird. Sie kann auch nachträglich angebracht werden. Die Breitenmaße können nach den örtlichen Gegebenheiten festgelegt werden. Selbstverständlich können für einzelne Bretter und für die Gesamtbreite auch andere Maße gewählt werden.

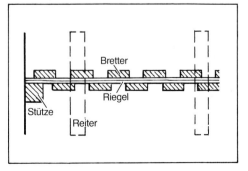

Terrassenüberdachungen

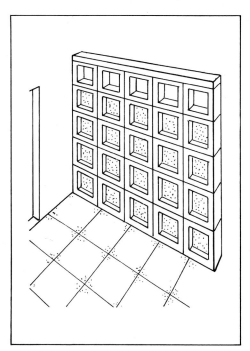

Seiten- oder Zwischenwand zum Nachbargrundstück. Die unteren Formsteine sind verglast.

Terrasse mit offenem Kamin und Duschplatz

Ein offener Kamin auf der Terrasse und in unmittelbarer Nähe der Wohnung ist für viele Gartenbesitzer ein Traum. Dieser Feuer- oder Grillplatz, umgeben von einer großzügig angelegten und üppig bewachsenen Pergola, ist auch wirklich sehr schön und erinnert so richtig an unbeschwerte Sonnenwochen in südlichen Ländern. Wenn man sich dann auch noch so ganz schnell unter die Dusche stellen kann, Voraussetzung ist natürlich ein entsprechender Sommer, hat man eigentlich alles, was man sich wünscht.

Offene Feuerstelle

Bis es soweit kommt, sollten einige Überlegungen angestellt werden, denn gerade die Anlage mit einer Feuerstelle ist nicht so ganz unproblematisch. Zunächst ist einmal die Hauptwindrichtung festzustellen, denn so angenehm ist es nicht, wenn der Qualm oder nur der Geruch, der zwangsläufig beim Grillen entsteht, in die offene Wohnung geblasen wird. Je aufwendiger eine offene Feuerstelle ist, ganz gleich ob hier nun Holz verbrannt wird oder ob man hier nur grillt, desto höher steigen die Baukosten. Ehe es aber schon nach kurzer Zeit Ärger gibt, weil man am falschen Ende gespart hat, sollte man gleich eine vernünftige Lösung anstreben. Ergänzungen sind zwar leicht zu verwirklichen, kosten aber etwas mehr. Eine vernünftige Lösung heißt in diesem Fall: Über der Feuerstelle ist eine Rauchschürze und eine Rauchableitung, sprich ein leichter Schornstein, vorzusehen. Je höher dieser Schornstein errichtet wird, desto besser werden Rauch und Gerüche abgeleitet. Vorsicht im Wohngebiet!

liegen, damit man oben nicht mehr darüberschauen kann. Die 2 cm starken Bretter werden mit Messingschrauben an den Querriegeln befestigt. Die ganze Platte wird auf dem Terrassenboden angefertigt und erst dann an den senkrechten Pfosten angeschraubt. Für diese Arbeit braucht man schon eine Hilfskraft. Der Pfostenabstand sollte in diesem Fall nicht mehr als 180–200 cm betragen. Bei größeren Terrassenabtrennungen ist ein Zwischenpfosten vorzusehen. Ehe die abschließende Imprägnierung aufgebracht wird, sollten alle scharfen Kanten der Bretter und Balken mit grobem Schleifpapier abgerundet werden.
Um neugierige Ohren nicht herauszufordern, sollte eine Grenzabtrennung schon etwas kräftiger und schallhemmender ausgeführt sein: eine Glasbausteinwand beispielsweise oder eine Wand aus weißen Formsteinen, die ebenfalls verglast werden können. Beide Wände sehen leicht und transparent aus.

Rechts oben: Terrassenumrahmung mit Duschkabine und Kaminecke. Diese umlaufende Pergola ersetzt die Überdachung und grenzt die Terrasse ab.

Rechts unten: Zugunsten einer aufgemauerten Baranlage ist die Sitzgruppe auf die gegenüberliegende Seite verlegt worden. Noch mehr kann auf dieser Fläche nicht untergebracht werden.

Zusätzliche Ausstattung

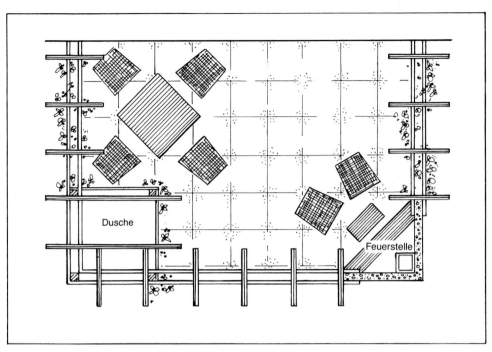

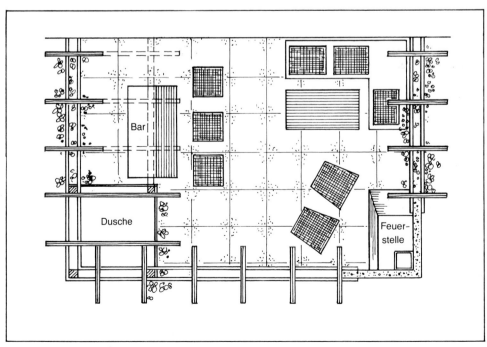

Terrassenüberdachungen

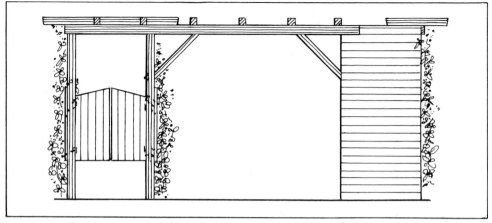

Ansicht der Terrassenumrandung oder Überdachung von der Gartenseite her. Links die Duschkabine und rechts die Mauerecke mit dem dahinter liegenden Kamin.

Auf diesem Gebiet ist die Industrie fleißig und bietet eine überaus große Auswahl von Fertigteilen an, selbstverständlich auch von kompletten Feuerstellen mit und ohne Rauchfang und Kamin. Die vielen Formen und Materialien machen die Auswahl sehr schwer. Offene Feuerstellen und Kamine werden vielfach von den gleichen Herstellern, welche auch die Wohnräume mit ihren Erzeugnissen ausstatten angeboten. Bewährte und erprobte Anlagen, bekommt man ganz sicher. Eventuell kombiniert und baut man die eigentliche Feuerstelle nach seinen Vorstellungen selbst auf und bezieht die restlichen Teile dann über den Fachhandel oder von den Herstellern. Oftmals kann man Einzelteile gar nicht zu den Preisen bauen, wie sie vom Spezialisten angeboten werden. Man denke an die Kamineinsätze, an Rauchschürzen oder den Schornstein. Fast alle serienmäßig hergestellten Feuerstellen, Kamine oder wie man sie sonst nennen möchte, sind so konstruiert und gefertigt, daß sie an Hand der beigefügten Montageanleitungen auch von Laien leicht aufgebaut werden können.

Eine Kaminecke auf der Terrasse

Hier, im konkreten Fall, ist am Terrassenende eine Eckmauer errichtet worden, an der auch 2 Schenkel der Pergola angeschraubt sind. Die sonst fälligen Stützen konnten entfallen. Die gemauerte Ecke dient aber auch als vorzüglicher Windschutz. Von den Außenseiten her wird sie in einigen Jahren durch das angepflanzte Strauchwerk und die dichter werdende Berankung ganz verdeckt sein. Dies nur für den Zweifler, der meint, eine solche Mauerecke sei ein Fremdkörper innerhalb des Gartens. Ob man die Wandflächen mit rotbraunen Klinkern belegt, ein Kalksandstein-Mauerwerk wählt oder die Flächen mit einem rustikal aussehenden Putz versieht, kommt auch darauf an, wie die Außenflächen des Hauses aussehen. Obwohl gegen einen gelungenen Kontrast auch nichts einzuwenden wäre.

Auf der Innenseite dieser Mauerecke ist die schon besprochene Feuerstelle errichtet. Der Kamin, fachlich besser ausgedrückt, der Rauchabzug ist in die Ecke eingebaut und erhält so einen festen Halt. Zusätzliche Sicherungsmaßnahmen sind nicht erforderlich. Denken Sie daran, daß für die Mauer ein frostfreies, mindestens 80 cm tiefes Fundament geschaffen wird! Gegebenenfalls läßt man die Mauer von Fachleuten ausführen, während alle anderen Arbeiten wieder selbst erledigt werden.

Zusätzliche Ausstattung

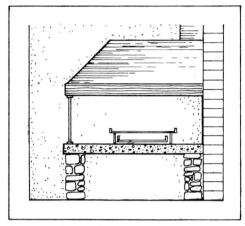

Ansicht der Feuerstelle. Der Qualm und die Gerüche werden durch den Rauchfang abgeführt.

Unten links: Die gleiche Feuerstelle diesmal aus einer anderen Sicht. Wie immer ist es nur eine Anregung.

Unten rechts: Kleine Überdachung mit Sichtschutzwänden für einen Duschplatz im Garten. Die Dusche wird an die Balken gehängt.

Duschplatz auf der Terrasse
Auf der gegenüberliegenden Seite der Terrasse ist eine regelrechte Duschkabine errichtet worden. Diese Eckkonstruktion gibt dem ganzen Pergolagerüst noch eine zusätzliche Querstabilität, das ist allerdings nur ein Nebeneffekt. Die Kabine ist zugänglich von der Gartenseite. Der Abschluß erfolgt durch eine sogenannte Westerntüranlage. Damit nicht der Eindruck einer einengenden und geschlossenen Kabine entsteht, ist die eigentliche Abtrennung nur 150 cm hoch und beginnt auch erst bei einer Höhe von 50 cm. Die Innenfläche beträgt 120 × 100 cm. Man kann sich hier also recht gut bewegen, wenn man überlegt, daß die Duschabtrennungen im Bad oft nur die Grundmaße von 70 × 70 cm haben. Auch der Duschplatz soll, wie alle Umrandungsbereiche, im Laufe der Zeit zuwachsen. Für die Anbringung der Brause bieten sich die verschiedenen Pfetten oder Pergolareiter an. Ob man sich für eine feste Wasserleitung, von der Wohnung an diesen Platz verlegt, oder für eine

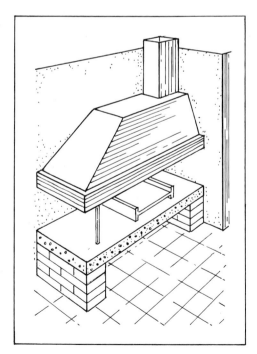

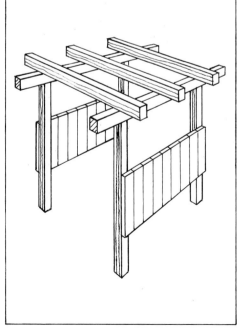

Einmal etwas ganz Besonderes. Überdachung aus gebogenen, farblosen Plexiglaselementen. Zusätzlich kann eine Schattierung angebracht werden.

Schlauchleitung entscheidet, kommt weitgehend auf die örtlichen Verhältnisse an. Es ist auf jeden Fall kein Problem, eine Schlauchleitung in den Boden zu verlegen, an einer Stütze hochzuführen und an einem der oberen Hölzer zu befestigen. Auch ein Absperrventil läßt sich leicht anbringen. Man darf nur nicht vergessen, vor dem ersten Frost die Leitungen zu entleeren. Das gilt aber auch für Metall- oder Kunststoffrohre, die im Garten verlegt sind. Wie die Wandverkleidung der Kabine im einzelnen angefertigt wird, ist ja schon an ähnlichen Beispielen gezeigt worden. Das gilt auch dann, wenn weitere Bereiche dieser Terrasse mit geschlossenen oder teilweise geschlossenen Wänden versehen werden sollen.

Entwässerung der Bodenflächen

Ein wichtiger Punkt ist in diesem Zusammenhang die Entwässerung. Es wäre auch gut, wenn eine so stark genutzte Terrasse nach einem Regenguß schnell wieder abtrocknen könnte. Entweder der Plattenbelag wird mit einem leichten Gefälle zum Garten hin verlegt, oder man baut in die Fläche entsprechende, mit einem Zinkrost abgedeckte Entwässerungsrinnen ein. Auf keinen Fall soll das anfallende Regen- oder Duschwasser einfach im Erdreich versickern. Es kann dann leicht zu Bodenabsenkungen kommen. So nah am Haus sollte immer versucht werden, das Wasser in die Kanalisation abzuleiten. Bei den kurzen Entfernungen sollte dies kein Problem sein, und man hat nie mehr Abwassersorgen. Im Garten könnte eine Sickergrube angelegt werden, welche das Wasser zunächst aufnimmt und langsam an die Umgebung abgibt. Die Sickergrube wird betoniert und die nähere Umgebung mit grobem Kies aufgefüllt. Eine feste, leicht zu reinigende Bodenfläche sollte nicht fehlen. Notfalls ist der Untergrund mit Holzfliesen abzudecken.

Duschkabine im Garten

Eine ähnlich aussehende Duschkabine kann auch im Garten errichtet werden. Sie sieht fast so aus, wie eine etwas klein geratene Terrassenüberdachung: 4 Stützen, 2 tragende Balken, oder wenn gewollt, 4 Bohlen rechts und links an den Stützen befestigt und 3–4 Querhölzer. Dazu paßt dann wieder eine von den Knien bis zu den Schultern reichende, zwei- oder mehrseitige Abtrennung. Alles andere wird wie schon beschrieben ausgeführt.

Zusätzliche Ausstattung

Gemauerte Bar-Theke auf der Terrasse

Wenn man schon versucht die Terrasse als Mittelpunkt seines Freizeitlebens herzurichten, darf, neben Duschkabine und Kaminekke, eine Bar-Theke als Treffpunkt trinkfreudiger Gäste eigentlich nicht fehlen. Der Platz neben der Dusche bietet sich als Standort direkt an. Falls erforderlich, kann bei der schon angesprochenen Wasserleitung ein Abzweig mit Zapfstelle vorgesehen werden. Weiter können an der Abtrennwand mit Hilfe einiger Konsolen Ablagebretter angebracht werden. Die Nische zwischen der Hauswand und der Duschrückwand hat genau die richtigen Abmessungen. Um den Barplatz noch interessanter zu gestalten, können die Pfetten wie schon bei der Dusche angeordnet und in gleicher Linie hintereinander weitergeführt werden. Es ist dann nur noch ein zusätzlicher Tragbalken erforderlich. Weitere Dekorationsstücke wie Fischernetze, Girlanden, Lichterketten oder Tücher können an diesen Hölzern befestigt werden. Ein besonderer Hintergrund in Form einer geschlossenen Wand kann auch geschaffen werden. Die Gäste sollen sich ja vor und hinter der Theke aufhalten.

Die ursprünglich an dieser Stelle eingeplante Sitzgruppe muß natürlich verlegt werden. Ein geeigneter Platz bietet sich auf der gegenüberliegenden Seite an. Die eventuell störenden Sitze vor der Feuerstelle bleiben ja nicht immer an gleicher Stelle stehen. Alle Möbel sind ja so in dem Plan eingezeichnet, als wenn sie gerade im Gebrauch wären. Das gilt auch für die Barhocker. Im Normalfall verschwinden die Hocker im Keller oder in der Garage, während die Stühle zumindest an den Tisch herangeschoben werden. Die vermeintliche Überfüllung der Terrassenfläche sieht dann schon nicht mehr so bedrohlich aus. Wenn auf der Terrasse getanzt werden soll, wird die Sitzgruppe sicherlich im Garten aufgestellt.

Ansicht einer Bar-Theke, aufgemauert aus Bruch- oder Natursteinen. Der abnehmbare Aufsatz besteht aus Platten, die mit Kunststoff belegt sind.

Herstellung des Thekenunterbaues

Die Bar-Theke besteht aus einem gemauerten Unterbau und einem Aufsatz aus kunststoffbeschichteten Spanplatten. Für die Herstellung des Unterbaues, bieten sich, wie könnte es anders sein, wieder einige interessante Möglichkeiten an. Am einfachsten ist die Aufmauerung aus Ziegelsteinen. Dabei sollte man das gleiche Material verwenden, welches auch für die Eckmauer gebraucht wurde. Das gilt auch für die anderen Ausführungen und Materialien. Der gemauerte Unterbau soll in allen Fällen die normale Tischhöhe, abzüglich der 4 cm starken Platte bekommen. Die normale Tischhöhe liegt zwischen 70 und 75 cm. Ob die Fußstütze gleich mit aufgemauert wird oder eine separate Ablage davor montiert wird, bleibt wieder einmal dem Bauherrn überlassen.

Von der Draufsicht her gesehen muß praktisch eine Mauer in U-Form errichtet werden. Der Blick auf die Rückseite zeigt, wie es gemeint ist. Um sich die Arbeit zu erleichtern und um

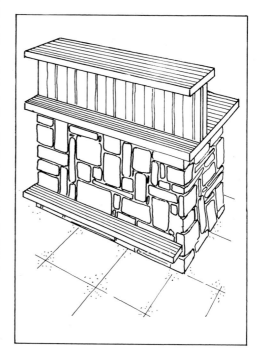

Terrassenüberdachungen

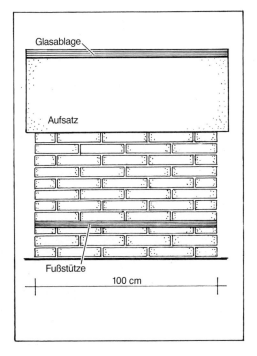

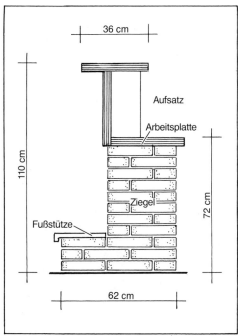

gleichmäßige Fugenabstände zu bekommen, sollten senkrechte Pfosten mit den entsprechenden Fugenmarkierungen aufgestellt werden. Dies ist kein Hilfsmittel nur für Laien, sondern auch Fachleute benutzen solch eine Hilfestellung, wenn eine genaue Arbeit abgeliefert werden soll. Da hier doch mit einem ganz ordentlichen Gewicht zu rechnen ist, sollte eine kräftige Fundamentplatte gegossen werden, damit sich der Druck verteilt. Diese Platte sollte mindestens 20 cm breiter und länger als der Thekenkorpus sein.

Die zweite Ausführungsmöglichkeit sieht schon etwas rustikaler aus. Hier haben wir ein verputztes Mauerwerk, dessen Umrandungen und Kanten aus Bruchsteinen bestehen. Man kann aber auch die Mauer errichten, verputzen und auf die Flächen entsprechende Bruchsteinplatten oder dünne Ziegel kleben. Die entsprechenden Kleber kennt man ja von der Fliesenverarbeitung. Wenn man ganz streng ist, sind beide Materialien Imitationen, und das obwohl sie aus Ziegelmehl oder Granit-

Oben links: Ansicht einer Bar-Theke. Der Aufsatz ist mit Anschraubwinkeln am Steinunterbau befestigt.

Oben rechts: Seitenansicht der Bar-Theke mit einigen Maßangaben. Das Fußablagebrett ist auf die Steine aufgedübelt und geschraubt.

Unten: Um den Thekensockel aufmauern zu können, sollte man sich dieses Hilfsmittels bedienen. Nur so bekommt man einen gleichmäßigen Fugenabstand.

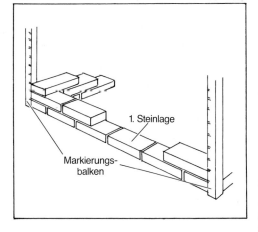

Schwere Terrassenüberdachung, abgedeckt mit gereckten Plexiglasplatten. Interessant sieht die Wasserableitung aus.

staub mit den entsprechenden Zusätzen hergestellt sind. Es bleibt festzuhalten, beide Erzeugnisse sehen täuschend echt und vor allen Dingen gut aus.

Bei der dritten Möglichkeit ist der ganze Korpus aus Bruchsteinen aufgemauert. Trockenmauern im Garten sehen ähnlich aus, nur fehlt hier der Mörtel. Dies ist ganz sicher die am schwierigsten herzustellende Ausführung. Die Steine müssen ausgesucht und vorher zu entsprechenden Flächen zusammengestellt werden, damit später ein ordentliches und gekonntes Bild entsteht. Ein Zurechtschlagen der Steine ist kaum möglich. Ob Ziegel- oder Bruchsteinmauerwerk, bei der Aufmauerung sind alle Mörtelreste, die an den Außenseiten der Steine haften, sofort zu entfernen; später lassen sich die Reste nur sehr schwer abkratzen.

Der weitere Ausbau

Da ist einmal die so wichtige Fußablage, die aus einem Brett besteht, welches auf die vorgemauerten Steine aufgedübelt und geschraubt wird. Will man diese Ausführung nicht, werden Ankereisen in die Mauer eingelassen, auf die dann ebenfalls ein breites Brett oder ein schwerer Balken geschraubt wird. Will man auch das nicht, wird ganz unabhängig von der Theke ein Balken mit kräftigen Bügeln oder Unterstützungen auf dem Boden befestigt.

Im rückwärtigem Bereich der Theke können sehr einfach und sehr schnell praktische Abstellmöglichkeiten geschaffen werden. Man benötigt 1 Mittelwand und 2 Böden, die einmal an der Mittelwand und an den Thekenaußenseiten mit Anschraubwinkeln befestigt werden. Die Mittelwand kann auf gleiche Weise am Boden angeschraubt werden. Bei kleineren Theken kann man auf die Mittelwand verzichten, oder man verstärkt die Böden, damit sie sich bei einer stärkeren Belastung nicht durchbiegen.

Terrassenüberdachungen

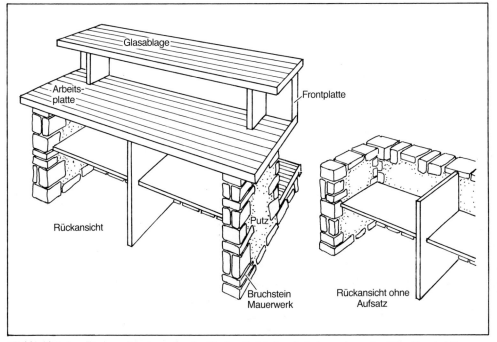

Rückansicht einer etwas anders aussehenden Theke. Es ist eine einfache und zweckmäßige Konstruktion.

Herstellung des Thekenaufsatzes

Der Aufsatz wird so gebaut, daß er mit wenigen Handgriffen von seinem Unterbau heruntergenommen werden kann. Jeweils an den inneren Außenwänden werden insgesamt 4 Anschraubwinkel angebracht, an die dann der Aufsatz angeschraubt wird. Es sollten schon kräftige Winkel und Schrauben verwendet werden, damit bei einer stärkeren Belastung der vorderen Platte und der Glasablage der Aufsatz nicht zur Vorderseite herunterkippt. Angeheiterte Gäste stellen manchmal die unmöglichsten Dummheiten an, deshalb sollte man eine gewisse Sicherheitsreserve immer einplanen.

Die Oberteile unterscheiden sich, was die Konstruktion angeht, nur im Detail. Ob nun die Tischplatte zur Vorderfront durchgeführt wird und die Glasablage mit den haltenden Konsolen darauf gestellt wird oder ob die vordere Brüstungsplatte glatt durchläuft, spielt keine entscheidende Rolle. Ebenfalls nicht entscheidend für den Aufbau ist das Aussehen der Brüstungsplatte. Die Ausschmückung, hier bestehend aus senkrecht angebrachten Brettern, wird erst später erfolgen. Entscheidend für den Zusammenhalt ist das kräftige Material. Die Teile, bestehend aus 4 cm starken Platten, werden zusammen gedübelt, geleimt und geschraubt. Die Brüstungsplatte und die dahinter stehenden senkrechten Stützplatten werden von der Unterseite an der Tischplatte befestigt. Schlechter sieht es in dieser Hinsicht mit der Glasablage aus, die auf den vorgenannten Teilen befestigt werden muß. Nur dübeln und leimen reicht nicht aus, weil man die Fugen nicht dicht bekommt. Da auch Anschraubwinkel nicht viel bringen, muß man eben durch die Platte schrauben. Der Fachmann sieht das zwar nicht gerne, da aber die Spannwerkzeuge fehlen, muß man zu dieser Möglichkeit greifen. Die Kanten aller Platten müssen noch mit Kunststoffumleimer versehen und sauber beigearbeitet werden.

Wintergarten: Planung

Die Himmelsrichtung

Grundsätzlich können Anbauten mit Glas- oder Kunststoffeindeckung (auch Wintergärten) an allen Seiten des Hauses errichtet werden. Voraussetzung ist, daß man auf diese Gegebenheiten eingeht und keine Schatten bereitenden Hindernisse wie Laub- und Nadelgehölze sowie höhere Nachbargebäude vorhanden sind. Natürlich wird die Südseite im Normalfall für einen Wohnraum, für die Anlage der Terrasse und letztlich auch für den Wintergarten bevorzugt. Bebauungspläne und vorhandene Bausubstanz stehen oftmals eigenen Plänen entgegen.

Südseite
So schön die Südseite auch ist, Nachteile hat sie auch: denn wegen der starken Sonneneinstrahlung werden hier Maßnahmen erforderlich, die eine Überhitzung ausschließen. Überschüssige Hitze wegzubringen ist manchmal schwieriger als Hitze bzw. Wärme zu erzeugen. Will man den Wintergarten auf der Südseite nutzen, dabei sollte man auch an die Pflanzen denken, muß etwas unternommen werden. Was zu tun ist, wird an anderer Stelle noch ausführlich dargestellt.

Westseite
Die Westseite eines Wohnhauses und damit auch der dort errichtete Glasanbau, wird erst in der zweiten Tageshälfte voll von der Sonne erreicht. Ausschlaggebend ist der jeweilige Standort. Die größte Tageshitze ist aber mit Sicherheit vorbei, obwohl die Sonneneinstrahlung immer noch recht kräftig sein kann. Hier kann man die Abendsonne und den Feierabend genießen. Ebenso ist die Westseite ein guter Platz für die Veranda.

Ostseite
Im Osten geht die Sonne auf und damit ist von dieser Seite die erste Wärme zu erwarten. Großangelegte Schattierungen sind nicht nötig, da erst noch die Nachtkühle überwunden werden muß und die Kraft der Sonne noch nicht so stark ist. Von dem sonst zu treibenden Aufwand her gesehen, sicher die günstigste Seite.

Nordseite
Wintergärten an einer ausgesprochenen Nordseite bekommen die Sonnenwärme nur noch von den Seiten. Hier sind kaum großartige Wärmewerte zu erwarten. Schattierungsmaßnahmen, auch an den Seiten, können entfallen. Von der allgemeinen Außenwärme profitieren alle Glasbauten. Da schon einmal der abkühlende Wind entfällt, wird es im Haus immer einige Grade wärmer sein als in der freien Landschaft. Eine Tatsache, die auch gewertet wird.

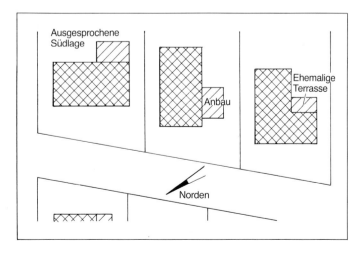

Auszug aus einem Lageplan. Hier sind drei mögliche Standorte für den Bau eines Wintergartens eingezeichnet. Alle Anbauten liegen an der Südseite.

Ein angebauter Wintergarten, hergestellt aus schweren Hölzern.

Man kann sich schon an Hand dieser natürlichen Gegebenheiten ausrechnen, wo der Wintergarten am besten aufgebaut werden sollte, obwohl natürlich noch sehr viel mehr Gesichtspunkte zu bewerten sind. Aber auch die sonst immer so negativ beschriebenen Standorte haben durchaus auch ihre Vorteile. An einer Südseite ständig mit Schattierungen, Befeuchtern, Entlüftern und sonstigen Klimaverbesserern zu arbeiten, ist ja auch nicht so erstrebenswert. Deshalb sollte man gar nicht so traurig sein, wenn keine ausgesprochene Südlage zur Verfügung steht.

Das Grundstück bestimmt den Standort

In der Regel kann man sich heute kaum noch sein Traumgrundstück aussuchen, sondern muß nehmen, was man bekommt und was vor allen Dingen auch noch erschwinglich ist. Oft wird es so sein, daß ein Wohnhaus schon vorhanden ist und erst im zweiten Anlauf ein Wintergarten errichtet wird. Ideal wäre es allerdings schon, wenn man bereits bei der Planung von Haus und Garten den Standort des späteren Wintergartens berücksichtigen würde.

Wie schon gesagt wurde, ist eine reine Südlage nicht automatisch auch die unbedingt erstrebenswerte Lage für einen solchen Glasanbau. Außerdem ist die Himmelsrichtung nicht allein von entscheidender Bedeutung, sondern man muß sich nach dem Haus selbst und dem Grundstück richten. Da sind schließlich die Wohnräume zu beachten, z. B. eine schon ausgebaute Terrasse mit einem Kellerabgang, die umgeändert oder verlegt werden muß. Wege in den Garten spielen eine Rolle, die Einhaltung von Grenzabständen ist wichtig, große Bäume können eine Planung über den Haufen werfen und was sonst noch alles an Hindernissen auftauchen kann und zu neuen Überlegungen zwingt. Man sieht wieder, daß man frühzeitig mit der Planung beginnen sollte.

Planung

Extreme Standorte

Ehe es überhaupt richtig losgeht, sollen Standorte beschrieben oder vorgestellt werden, die eigentlich die schon knappe Gartenfläche gar nicht belasten. Bei der Aufzählung der eventuell zu erwartenden Hindernisse kommt doch sehr schnell der Gedanke auf, den Wintergarten nicht zur ebenen Erde, sondern in die Höhe zu bauen. Einige der aufgezählten Schwierigkeiten werden dadurch sicher ausgeschaltet, man denke nur an den Schattenwurf größerer Bäume oder benachbarter Gebäude. Vom Platzgewinn gar nicht zu sprechen.

Wintergarten auf dem Flachdach

Da wäre zunächst der Platz auf dem Flachdach, der Garage oder eines Anbaues mit flachem Dach. Voraussetzung ist allerdings, daß beide Bauteile ein flaches- oder flachgeneigtes Dach haben. Manchmal läßt sich auch recht kostengünstig ein entsprechender Umbau durchführen. Leichte Neigungen eines vorhandenen Flachdaches, welche das Regenwasser abführen sollen, werden durch den Wintergartenaufbau überflüssig und können mit einem Ausgleichsestrich egalisiert werden. Im gleichen Atemzug muß an die Tragfähigkeit des Daches und der Wände gedacht werden. So etwas läßt sich nach einer Ortsbesichtigung und Überprüfung vom Statiker leicht ausrechnen. Dieser Fachmann kann dann auch gleich Vorschläge für eine eventuelle Verstärkung von Wänden und Decken machen. Für diese Arbeiten muß dann aber ein Bauantrag eingereicht werden. Dazu später mehr.

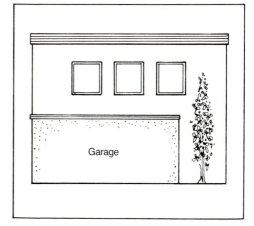

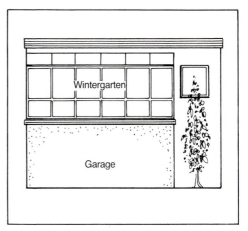

Oben: Wintergarten im Schnee.

Mitte: Seitenansicht eines Hauses mit angebauter Garage. Die Garage hat ein flaches, belastbares Dach.

Unten: Ansicht des gleichen Hauses. Auf dem Garagendach ist ein Wintergarten errichtet worden. Ein Fenster wurde zu einer Tür umgebaut.

Wintergarten

Zugang vom Haus
Sind diese Fragen geklärt, muß festgestellt werden, wie dieser neu geschaffene Raum am besten erreicht wird. Sicher wird es an der Garagenhauswand im Bereich der ersten Etage Fenster geben, die zu einer Tür umgewandelt werden können. Sollte das Garagendach bzw. das Dach des Anbaues und der Fußboden der ersten Etage nicht auf einer Ebene liegen, könnten zwei oder drei Stufen den Unterschied überbrücken. Bequemer und gefahrloser ist der niveaugleiche Anschluß. Die Lage der Innenräume spielt hier natürlich auch noch eine Rolle. Ist die obere Wohnung für sich abgeschlossen und der Wintergarten auch nur für die Bewohner der ersten Etage gedacht, wird sich bedeutend leichter eine zufriedenstellende Lösung finden lassen. Ansonsten muß ein kurzer Flur oder ein Durchgangszimmer geschaffen werden. Das gleiche Problem taucht auf, wenn man auf dem Dach einen Dachgarten oder eine Terrasse mit Pergola schaffen möchte.

Zugang auch noch vom Garten
Zusätzlich kann man noch einen Zugang vom Garten her schaffen. Hier wird dann allerdings eine richtige Treppe mit 13 oder 15 Stufen erforderlich. Ob diese Treppe an einer Wand entlang geführt wird oder eine Wendeltreppe diese Aufgabe übernimmt, kommt auf die eigenen Vorstellungen und die örtlichen Verhältnisse an. Der Wintergarten oder der Dachgarten würde in diesem Fall die Aufgabe einer Durchgangsstation übernehmen.
Ansonsten wird eine Front mit Schiebefenstern, besser noch mit Schiebetüren ausgestattet, damit man im Sommer oder an warmen Tagen direkt an der frischen Luft und freien Natur sitzt. Machbar ist fast alles.

Wintergarten auf dem Balkon

Beispiele für gelungene Lösungen von Balkonwintergärten gibt es auch schon, deshalb ist dieser Gedanke gar nicht so abwegig. Man überlege einmal, wieviele Balkonbesitzer es

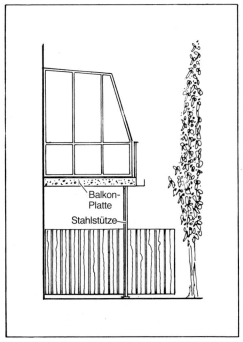

Seitenansicht eines Wintergartens, der auf einem vorhandenen Balkon errichtet wurde. Der Glasaufbau ist auf der Balkonbrüstung aufgebaut.

gibt. Viel hängt natürlich von der zur Verfügung stehenden Grundfläche ab. Die üblichen Minibalkons sollte man so belassen wie sie sind. Der Aufwand würde sich kaum lohnen, wenn man nicht auf diesem Wege den Wohnraum vergrößern könnte. Größere Balkons dagegen bieten sich oftmals für eine Glasumrandung direkt an. Schön wäre es, wenn über einem solchen Balkon kein weiterer Balkon wäre, damit man die Vorstellung hätte, in einem Rundum-Glashaus zu wohnen. Selbstverständlich ist eine vordere und seitliche Verglasung besser als ein offener Balkon. Die sonstigen Voraussetzungen für einen Balkonwintergarten sind die gleichen wie beim Bau auf einem Flachdach oder dem flachen Garagendach. Die vorhandene Balkonbrüstung kann hier sogar schon in die Konstruktion einbezogen werden, was sich bestimmt günstig auf die Gestehungskosten auswirkt.

Planung

Überdachung und Wintergarten auf dem Balkon eines Hochhauses.

Standort im Garten

Falls man tatsächlich keinen Platz in unmittelbarer Nähe des Hauses findet, bleibt nur noch eine Ausweichmöglichkeit und zwar der Garten. Bei Reihenhäusern ist es schon vorstellbar, daß die Terrasse aus unterschiedlichen Gründen, und sei es durch Einsprüche der Nachbarn, nicht überbaut werden darf. Manchmal kann man aber auch aus bautechnischen Gründen hier keinen Wintergarten errichten, weil beispielsweise ein Schlafzimmerfenster an der Rückfront stört und der übrige Platz nicht ausreicht.
Will man trotz aller Schwierigkeiten auf einen Wintergarten nicht verzichten, bleibt nur das Glashaus im Garten, welches aber nicht als Gewächshaus, sondern als Wintergarten hergerichtet wird, im Reihenhausgarten ist dies nicht immer einfach. Durch Glaszwischenwände können schnell unterschiedliche Nutzungsmöglichkeiten geschaffen werden. Auf diesem Gebiet sollte man sich von den Herstellern aus der Gewächshaus- und Wintergartenbranche, einige stellen beide Produkte her, beraten lassen. Schließlich gibt es freistehende Wintergärten auch schon seit ewigen Zeiten. Erst in letzter Zeit werden sie wohl wegen der Energiefragen gerne an Wohnhäuser angebaut oder gleichzeitig damit errichtet. Drei oder mehr verschiedene Wärme- oder Klimazonen innerhalb eines Gewächshauses zu schaffen, ist heute kein Problem mehr. Klimazonen deshalb, weil neben der Wärme ja auch die Luftfeuchte und eine gewisse Luftbewegung zu beachten sind. Wenn man diesem Gartenstandort noch eine weitere positive Seite abgewinnen möchte, so steht fest, daß man hier viel freier und großzügiger planen, bauen und einrichten kann.

Gartengrundriß. Da man auf die Terrasse nicht verzichten wollte, wurde der Wintergarten einfach in den Garten verlegt. Man kann bedeutend freier gestalten.

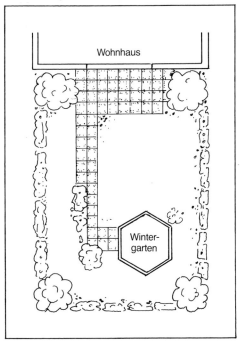

Links: Wintergarten in Pavillon-Bauweise. Ein Blickpunkt des Gartens.

Unten: Sonnenschutz durch natürliche Hindernisse. Hier ist es ein Laubbaum, der die stärksten Sonnenstrahlen abhält.

Im Winter läßt der kahle Baum die schwachen Sonnenstrahlen an den Glasanbau heran. Jetzt ist man dankbar für jede natürliche Erwärmung.

Ganz unten: Windschutz mit baulichen Mitteln. Einmal ist der Wintergarten etwas in die Erde eingelassen. Vor dem Anbau ein kleiner bepflanzter Wall.

Weitere Tips für die Planung

Genauso wie für das Wohnzimmer und die Terrasse der beste Platz im und am Haus ausgesucht wird, sollte man auch für den Wintergarten einen günstigen Platz auswählen. Angeklungen ist dieser Wunsch schon an verschiedenen Stellen. Für einen guten Platz sprechen die erwähnten klimatischen und wettermäßigen Voraussetzungen. Beachtet werden sollten aber auch die Standorte von technischen und natürlichen Hindernissen, die sich nachteilig für das Pflanzenwachstum und den Aufenthalt von Menschen auswirken. Manche Zeitgenossen sagen allerdings, daß beim heutigen Stand der Technik, besser der Klimatechnik, sich überall ideale Verhältnisse schaffen lassen. Das stimmt schon, jedoch ist manch einer für technische Perfektion nicht so recht zu begeistern. Etwas von der ursprünglichen Natur möchte man noch spüren, denn nicht umsonst werden die vielen Wintergärten gebaut und eingerichtet. Auch der Name »Grünes Wohnzimmer« deutet in diese Richtung.

Schattige Plätze unter Bäumen vermeiden
Gegen eine zu starke Sonneneinstrahlung gibt es viele Maßnahmen; nicht im Sinne des Erfinders ist es, die fehlende Sonne durch elektrische Beleuchtung zu ersetzen. Dies nur als Vorbemerkung. Oft genug will man sich nicht von alten Bäumen trennen, die kaum noch Licht und Luft an die übrigen Gewächse und an unseren Wintergarten heranlassen. So

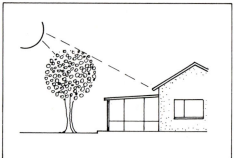

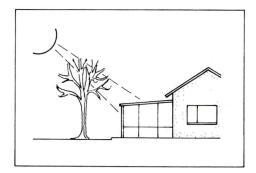

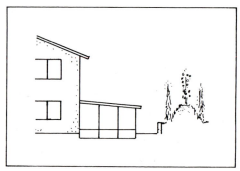

Planung

Bei diesem Wintergartenstandort ist zu prüfen, ob die Gartenbepflanzung nicht schon zu mächtig ist.

schön ein alter Baum ist, und obwohl damit auch Erinnerungen verbunden sind, man sollte doch einmal an eine Gartenerneuerung denken und eine Wohngartenanlage schaffen, wie sie den heutigen Bedürfnissen und Anforderungen entspricht. Schließlich soll der Garten nicht nur zum Anschauen, sondern auch zur Nutzung bestimmt sein. So sollte auch Platz für eine Sonnenterrasse oder einen Wintergarten geschaffen werden. In diesem Zusammenhang sollte man aber auch noch an weitere Punkte denken. Nadelgehölze werfen im Sommer und im Winter den gleichen Schatten auf das Gewächshaus und sorgen auch für den entsprechenden Windschutz. Bei Laubbäumen sieht das etwas anders aus. Im Sommer sorgt die dichte Belaubung für den manchmal dringend benötigten Schatten, während im Winter die knappe Sonnenwärme durch den kahlen Baum dringen kann. Hier spricht doch etwas für den Laubbaum. Für einen Windschutz kommt ein solcher Baum allerdings nicht in Betracht.

Windschutz mit baulichen Maßnahmen
Um einen wirksamen Windschutz zu erreichen, muß man zuerst die Hauptwindrichtung kennen. Das Glashaus wird dann möglichst an der geschützten Seite errichtet, obwohl sicher viele Gesichtspunkte für einige andere Standorte sprechen. Wenn der so gefundene Platz auch noch an der Sonnenseite liegt, es muß ja keine ausgesprochene Südseite sein, hat man eigentlich den idealen Standort gefunden. Ideal zunächst, was die äußeren Bedingungen angeht.

Man kann noch mehr machen
Im Normalfall liegt die Terrasse immer etwas erhöht im Geländeniveau. Manchmal ist es ein gewollter kleiner optischer Trick der Planer, denn von einem erhöhten Platz aus übersieht man sein Gartenreich bedeutend besser; alles liegt wie auf einem Präsentierteller vor einem und wirkt dadurch größer. Auf diesem erhöhten Platz steht, was den Wind angeht, der

Wintergarten

Wintergarten etwas ungünstig. Man kann nun den vorderen Gartenbereich plastisch gestalten: leichte Erdwälle anschütten und diese auch noch bepflanzen. Die freie Sicht in den Garten geht natürlich verloren, wobei allerdings immer noch die Lage des Glashauses und des Erdwalles innerhalb des Grundstückes zu berücksichtigen ist. Eventuell genügt ein seitlich angelegter Windschutz. Als wohl letzte Möglichkeit bliebe dann nur noch, den unteren Bereich des Glashauses mit festen Materialien zu schließen. Anstelle der Glas- würden Holz- oder Metallumrandungen mit entsprechenden Isolierungen treten. Ein gemauerter ca. 50 cm hoher Sockel wäre auch denkbar. Die Transparenz und Leichtigkeit des Glashauses leiden allerdings unter diesen wärmedämmenden Maßnahmen.

Verlegung der Terrasse

Die Errichtung des Wintergartens auf dem bis dahin besten Platz des Gartens schafft Probleme. Sicher wird man auf eine Terrasse auch dann nicht verzichten wollen, wenn sich das Glashaus zum Garten hin öffnen läßt und man doch immer in der freien Natur sitzen kann. Entscheidend ist die Größe des Gartens, denn für eine zusätzliche Terrasse wird noch einmal eine Fläche von 10–12 m² betoniert und mit Platten belegt. Weiter sind auch noch einige feste Wege zu verkraften. Auf den Zeichnungen (S. 28, 43) ist dargestellt, wieviel Platz für eine kleine Sitzgruppe mit vier Stühlen benötigt wird. Außerdem sollte man sich auf der Terrasse noch bewegen können. Zu prüfen ist auch, ob die Terrasse unmittelbar vom Haus oder durch den Glasanbau betreten werden kann. Schön wäre es, wenn man beide Möglichkeiten ausführen könnte. Je nach Lage des Hauses und des Anbaues sollte das doch zu schaffen sein. Übrigens ist gegen einen Sitzplatz mit festem Unterbau mitten im Garten auch nichts zu sagen. Da mehr Platz vorhanden ist, kann man an den weiteren Ausbau denken und eine kleine Gartenlaube, einen Duschplatz und eine Grillecke einrichten. Alles Möglichkeiten, für die es auf der Terrasse am Haus keinen Platz mehr gibt.

Rechts: Verschiedene Dachformen:
a Auf einem Sockel errichteter Glasanbau ohne Dachüberstand.
b Seitlich tief heruntergezogenes Dach. Eine Tür ist hier nicht mehr möglich und muß an der Seite angelegt werden.
c Hochgemauerter umlaufender Sockel, auf dem das Glashaus errichtet wurde.
d Glashaus ohne nennenswerten Dachüberstand. Der innere Bereich ist mit Dämmplatten geschlossen.
e Senkrechte Frontscheibe mit abgeschrägter Dachfläche. Unten ein gemauerter Sockel.
f Nach vorne geneigte Frontfläche. Der Eingang kann nur an der Seitenfront angelegt werden.

Unten: Wintergarten unterhalb eines Balkons. Um die Fläche zu vergrößern, ist das Dach kräftig vorgezogen worden.

Ganz unten: Auch dieser von der Seite dargestellte Wintergarten befindet sich unterhalb eines bestehenden Balkons.

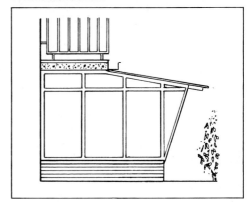

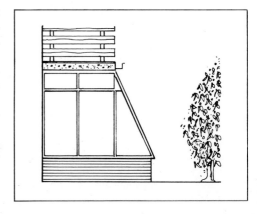

Planung

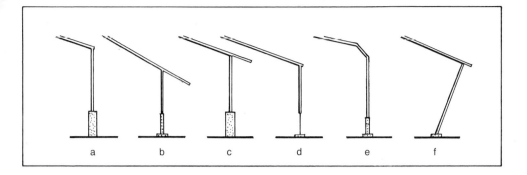

Nicht zu kleinlich planen

Das ist natürlich auch wieder leichter gesagt als getan. Aber es ist tatsächlich so, daß es doch besser ist, wenn man einige Nebensächlichkeiten, die durchaus wichtig werden könnten, zunächst einmal zurückstellt, um eine Anlage aufzubauen, an der man auch noch nach Jahren seine Freude hat. Erweiterungen sind zwar immer möglich, kosten aber in jedem Fall mehr und sind mit mehr Umständen bezüglich der Errichtung verbunden. Man denke doch nur einmal an die nachträgliche Verlegung einer Abwasserleitung. Ein Graben muß ausgehoben werden, die Terrassenfläche mit den Platten wird zerstört: und das alles, um ein einfaches Rohr in die Erde zu verlegen. Schlimmer ist eine Hausvergrößerung. Trotz der Normteile, die heute überwiegend verwendet werden, ist jeder Wintergarten individuell nach Maß hergestellt. Wegen der Dachneigung ist meistens nur eine Vergrößerung in der Breite möglich. Die Dachrinne würde bei einer Vergrößerung nach vorne einen immer tieferen Punkt erreichen. Ebenso würde es Probleme mit der Durchgangshöhe geben. Weiter wird es schwierig, die Dachverglasung zu verlängern. Querfugen im Glasdach erfordern immer besondere Maßnahmen.

Das äußere Erscheinungsbild

Im Normalfall könnte auch in dieser Richtung überhaupt nichts schieflaufen, denn hier wird kein Bretterverschlag oder ein Behelfsbau errichtet, sondern ein nach neuzeitlichen Gesichtspunkten konstruiertes und gestaltetes Glashaus. Auch wenn dieser Anbau in allen Punkten, vom Entwurf bis zur letzten Fugenabdichtung, selbst gefertigt wird, darf man nicht pfuschen, denn man würde sich auf Dauer gesehen mit einer mangelhaften Arbeit keinen Gefallen tun. Wenn schon ein Wintergarten gebaut wird, dann muß er einschließlich der Inneneinrichtung, auch der technischen, richtig gebaut werden. Bei der äußeren Gestaltung steht dann die Frage der äußeren Bepflanzung mehr im Mittelpunkt der Überlegungen. Rankbepflanzungen an der Außenfront scheiden hier im Gegensatz zur Terrassenüberdachung aus. Entsprechende Schattieranlagen werden in der Regel innen angebracht. Wirkungsvoller, aber technisch aufwendiger sind Außenschattierungen.

Diese Wintergartenanlage paßt sich hervorragend der übrigen Bebauung an.

Wintergarten

Anschluß an die Innenräume

Es greift eigentlich alles ineinander. Deshalb kann es schon einmal, zumindest in Detailfragen, zu leichten Wiederholungen kommen. Selbstverständlich sollte man versuchen, einen unmittelbaren Anschluß von den Wohnräumen zu dem Wintergarten zu schaffen. Dieser sollte dabei noch so angelegt werden, daß eine großzügige Verbindung, auch in optischer Hinsicht, zwischen beiden Räumen entsteht. Zwei Glastüren oder eine größere Schiebetüranlage wäre eine schöne Sache. Ohne im Wintergarten zu sitzen, sollte man bereits im Wohnraum etwas von der Pflanzenpracht und der Atmosphäre erahnen können. Auch wenn man im Anfang Bedenken gegen eine eventuelle Auskühlung oder sogar eine zu starke Erwärmung hat, sollte ein großflächiger Durchblick unbedingt angelegt werden. Isoliergläser gibt es in jeder Ausführung. Befürchtungen in dieser Richtung sind absolut überflüssig.

Gewächshaus als Wintergarten

Nach den ersten Vorüberlegungen über den Standort und allen damit verbundenen Problemen steigt man ganz automatisch immer tiefer in den ganzen Fragenkomplex ein. Vor allem wenn es um die Kosten geht, ist es die Frage, ob nicht ein Gewächshaus, sozusagen von der Stange gekauft, die gleichen Anforderungen erfüllt wie ein Wintergarten. Einfache Gewächshäuser, natürlich ohne jede Isolierung, kann man heute praktisch schon an jeder Ecke kaufen. Bei einer ersten Besichtigung und bei gründlicher Überlegung wird man schnell feststellen, daß solch ein Haus nicht die hier notwendigen Voraussetzungen mitbringt. Auch große, mit Isoliergläsern ausgerüstete Gewächshäuser müssen schon ganz erheblich umgerüstet werden, will man sie als Wintergarten nützen. Immer mehr Gewächshausanbieter stellen sich aber auf die speziellen Erfordernisse ein und können inzwischen auch mustergültige Wintergärten anbieten.

Blick vom Wohnraum in einen schon etwas älteren Wintergarten. Entscheidend für die Wirkung ist die Bepflanzung.

Wintergarten in einer besonders leichten und transparenten Ausführung. Die Halteprofile müssen die Isolier- und Sicherheitsgläser verkraften können.

Dieses Haus hat eine Isolierverglasung aus Stegdoppelplatten. Es kann als Gewächshaus oder Wintergarten genutzt werden.

Wintergarten oder Gewächshaus?

Die Frage besteht zu recht. Bedingt durch die zusätzliche Ausstattung kann ein Wintergarten teurer werden als ein Gewächshaus. Ein Wintergarten ist vom tragenden Gerüst her gesehen schon aufwendiger, da oftmals auch thermisch getrennte Profile für die Herstellung verwendet werden. Weiter sind die Bauteile so ausgebildet, daß Schwitz- und Kondenswasser problemlos abgeleitet wird und auch an keiner Stelle stehen bleibt oder unkontrolliert abläuft. Für ein normales temperiertes Gewächshaus ist dieser Aufwand kaum erforderlich. Außerdem ist hier immer mit einer höheren Luftfeuchte zu rechnen. Isoliergläser und wärmegedämmte Bauteile haben heute auch die (Warm-)Gewächshäuser. Der Wintergarten muß daneben im Dachbereich noch mit einem zusätzlichen Sicherheitsglas ausgestattet werden! Niemand darf durch splitterndes Glas verletzt werden. Von Sonnenschutzgläsern soll an dieser Stelle noch gar nicht gesprochen werden. Schon an der Aufzählung sieht man, daß wesentliche Unterschiede zwischen Gewächshaus und Wintergarten bestehen. Auch bei der Nutzung: Florales oder nur Vitamine. Deshalb kann man den Rat zur großzügigen Planung nur noch einmal unterstreichen.

Das Klima im Wintergarten

Eine grüne Umwelt bringt auf jeden Fall mehr Wohn- und Lebensqualität, denn ein Wintergarten ist viel mehr als ein Hobby für Pflanzenliebhaber. Durch die Pflanzenvielfalt entsteht ein einmaliger Blickpunkt und durch die besonderen klimatischen Verhältnisse ein gesundes Wohnklima. Die natürliche Sonneneinstrahlung und die damit verbundene Erwärmung geben eine wohltuende Wirkung in einer Umgebung, die an die Urlaubsländer rings um

Wintergarten

das Mittelmeer erinnert. Ganz wichtig sind die klimatischen Bedingungen, wie hohe Luftfeuchte, die zwar künstlich hergestellt werden, aber Menschen mit Schwierigkeiten hinsichtlich trockener Luft Bedingungen vorfinden lassen, die dem gesundheitlichen Aspekt dienen und das Wohlbefinden positiv beeinflussen. Mit modernen Klimaanlagen und Zusatzgeräten (Regler), die genau die geforderten Verhältnisse schaffen, ist dies auch noch vom Preis her zu verkraften. Der Gedanke ist bisher kaum beachtet worden. Sicher sind wir auch noch weit davon entfernt, einen Wintergarten mit Zuschüssen der Krankenkasse oder des Finanzamtes errichten zu können. Trotzdem: der »Wintergarten als Therapiezentrum«, warum nicht? Grünen und Blühen stimmen allemal hoffnungsfroh: »Lebensqualität im Einklang mit der Natur«.

Unterschiedliche klimatische Zonen

Was das Innenklima eines Wintergartens angeht, so müssen die Verhältnisse für Menschen und Pflanzen passen. Im Gegensatz zum Gewächshaus, dort wird nur auf die Pflanzen Rücksicht genommen.

Will man im Gewächshaus oder im Wintergarten spezielle Klimazonen für Pflanzen unterschiedlicher Herkunftsländer schaffen, ist dies bei entsprechender Ausstattung nur eine Frage der Steuerungsanlagen. Man sollte natürlich wissen, was die Pflanzen wünschen. Zwischen den verschiedenen Klimazonen sind dann noch isolierverglaste Zwischenwände vorzusehen. Eine Durchgangstür ist wünschenswert, damit man auch etwas vom ganzen Haus hat. Oftmals reichen auch schwere Vorhänge aus, um die einzelnen Zonen etwas abzuschotten. Solch ein Vorhang kann schon einmal schneller zur Seite gezogen werden, wenn man die Größe und Wirkung des ganzen Hauses genießen möchte. Will man dieses kombinierte Glashaus mehr für Wohnzwecke nutzen, sollten doch größere Flächen überdacht und verglast werden, damit für alle Zonen und Bereiche ausreichend Platz vorhanden ist. Ein beengendes Gefühl darf in einem Wintergarten nicht aufkommen.

Bauvorschriften

Es ist allgemein bekannt, Bauherren wissen dies auch ganz genau, daß man auch innerhalb seiner Grundstücksgrenzen nicht machen darf, was man gerne möchte. Grundsätzlich ist für Anbauten gleich welcher Bauausführung eine Baugenehmigung erforderlich; auch für Glasanbauten. Wenn auch die Baubehörden scheinbar in manchen Fällen nicht einschreiten, weil sie nichts von dem Bauvorhaben wissen, sollte man sich darauf nicht verlassen. Ein Abriß erfolgt zwar sehr selten, aber viel Ärger gibt es ganz sicher. Bei einer Entdeckung muß auf jeden Fall ein Baugesuch mit allen Anlagen nachgereicht werden. Die dann nach der Bauverordnung zu erfüllenden Auflagen sind nachträglich natürlich viel schwieriger zu erfüllen. In diesem Zusammenhang sei vor den lieben Nachbarn gewarnt, die aus irgendwelchen Neidgefühlen oder anderen Gründen eine diesbezügliche Anzeige beim Bauamt einbringen. Jetzt muß das Amt tätig werden und entdeckt Sachen, die im Normalfall, da sie von der Straße her nicht zu sehen sind, nicht bemerkt würden. Wenn man also bauen möchte, ganz gleich ob es sich um einen normalen Anbau oder einen Wintergarten handelt, sollte man Fragen stellen an die Leute vom Amt und sich auch sonst sachkundig machen.

Der Begriff Wintergarten oder Gewächshaus

Manchmal kommt es, nicht nur bei Behörden, schon auf die Namensgebung an, ob ein Glashaus eventuell doch keine Baugenehmigung braucht. Ein Gewächshaus, wie man es im Garten aufstellt oder wie es an der Hauswand als sogenanntes Anlehnhaus errichtet wird, ist in der Regel genehmigungsfrei. Der in der äußeren Form gleiche Baukörper, nur mit einer Verbindung zum Wohnhaus ausgestattet, ist ein Anbau und unterliegt ganz anderen Bestimmungen. Ein Wintergarten wird, wenn auch nur gelegentlich, von Menschen bewohnt oder genutzt und muß daher nach der Wärmeschutzverordnung ausreichend isoliert werden. Außerdem wird er steuerlich erfaßt und was sonst noch alles auf einen zukommt. Auch

Planung

für die Dachverglasung gibt es besondere Vorschriften. Ganz schlaue Zeitgenossen stellen sich also erst ein Gewächshaus an die Hauswand und meinen, sie hätten dem Bauamt ein Schnippchen geschlagen. Im Grunde schaden sie sich selbst, denn eine nachträgliche Umrüstung wird erheblich teurer. Ob die Lieferfirmen solche Experimente mitmachen, ist ebenfalls mehr als fraglich, denn bei etwaigen Beanstandungen werden sie in die Pflicht genommen, oder die Bauaufsicht sieht ihnen beim nächsten Bauauftrag besonders scharf auf die Finger. Übrigens wird in den Prospekten oder Angeboten immer wieder auf die Baugenehmigung hingewiesen. Nebenbei bemerkt, so einengend sind die Bauvorschriften gar nicht und meistens sind sie auch noch zum eigenen Schutz ausgelegt.

Was sind Anbauten oder bauliche Anlagen?
Wer etwas über Baufragen weiß, plant sicher leichter und lenkt seine Wünsche gleich in die richtige Richtung. Zur ersten Information hier einige Abschnitte aus der Bauordnung. Die Bauordnungen sind zwar in einigen Bundesländern etwas unterschiedlich, aber das praktisch nur im Detail.
»Bauliche Anlagen sind mit dem Erdboden verbundene, aus Baustoffen oder Bauteilen hergestellte Anlagen. Eine Verbindung mit dem Erdboden besteht auch dann, wenn die Anlage durch eigene Schwere auf dem Erdboden ruht oder auf eigenen Bahnen beschränkt beweglich ist oder wenn die Anlage nach ihrem Verwendungszweck dazu bestimmt ist, überwiegend ortsfest benutzt zu werden«. Als bauliche Anlagen gelten beispielsweise auch Aufschüttungen oder Abgrabungen ab einer bestimmten Größenordnung. Auch Stellplätze für Kraftfahrzeuge zählen dazu. »Gebäude sind selbständig nutzbare, überdachte Anlagen, die von Menschen betreten werden können und geeignet oder bestimmt sind, dem Schutz von Menschen, Tieren und Sachen zu dienen«.
»Aufenthaltsräume sind Räume, die zum nicht nur vorübergehenden Aufenthalt von Menschen geeignet oder bestimmt sind«.

So geht es dann weiter über Geschosse, Geländeoberflächen bis hin zu den Abstandsflächen. Hierzu seien auch noch einige Sätze aus der Bauordnung aufgeführt.

Abstandsflächen
»Vor Außenwänden von Gebäuden sind Flächen von oberirdischen Gebäuden freizuhalten. Eine Abstandsfläche ist nicht erforderlich vor Außenwänden, die an der Nachbargrenze errichtet werden, wenn nach planungsrechtlichen Vorschriften: a) das Gebäude an der Grenze errichtet werden muß oder b) das Gebäude an der Grenze gebaut werden darf und öffentlich rechtlich gesichert ist, daß vom Nachbargrundstück angebaut wird«. So geht es dann, nur zu diesem Thema, weiter über einige Seiten. An dieser Stelle sollen die Fragen aber nur angedeutet werden und keine langen Erklärungen zu den vielen Paragraphen der Bauordnungen abgegeben werden. In schwierigen Fällen müssen sich Fachleute mit den Vorschriften auseinandersetzen.

Im Zweifelsfall muß gefragt werden
Die örtlichen Bauämter sind verpflichtet, die Bauinteressenten auch schon oder gerade im Vorstadium zu beraten, ohne daß Gebühren anfallen. Natürlich sollen und können sie nicht den Architekten ersetzen, wenn Baueingaben gemacht werden müssen. Bei diesen unverbindlichen Anfragen braucht man auch nicht zu befürchten, daß die Behörde den Fragesteller nun überwacht, um festzustellen, was er nun tatsächlich unternimmt. Tätig wird das Amt erst, wenn eine Bauanzeige oder ein Bauantrag gestellt wird oder wenn aus dunkler Quelle eine Anzeige in dieser Sache gestellt wird. Man kann sicher sein, daß neben der Beratung auch noch so mancher brauchbare Tip abfällt.

Beratungsunterlagen
Will man eine solche Beratung in Anspruch nehmen, sollte man schon einige Unterlagen mitbringen, damit die ganze Angelegenheit auch ergiebiger wird. Da ist zunächst der Lageplan, in dem alle vorhandenen Bauten und

63

Wintergarten

Anbauten der unmittelbaren Umgebung eingezeichnet sind. Wichtig sind selbstverständlich auch die Pläne des eigenen Hauses. Am besten nimmt man die komplette Hausakte mit. Mit einem weichen Bleistift kann man schon einmal die Umrisse des geplanten Anbaues in den Plan einzeichnen, da eine kleine Zeichnung mehr Klarheit bringt als viele Worte. Die Prospekt- oder Planungsunterlagen des eventuellen Wintergartenherstellers helfen ebenfalls bei der Klärung des Vorhabens. Da ja auch Dämm- und Isolierungsvorschriften beachtet werden müssen, sollten entsprechende Unterlagen beigefügt sein. Es ist ja durchaus möglich, daß eine vom Unternehmer angebotene Isolierung nicht ausreichend ist. Wenn der Mangel jetzt entdeckt wird, ist es immer noch früh genug, ihn zu beseitigen. Auch wenn man das Haus selbst plant und später baut, sollten die Pläne zur ersten Beratung mitgenommen werden. Der Bauantrag muß dann von Fachleuten, welche auch die Verantwortung übernehmen, gestellt werden. In vielen Fällen können die Anbieter der Wintergärten entsprechende Unterlagen einschließlich der statischen Berechnung zur Verfügung stellen.

Gespräch mit den Nachbarn
Wie das Gespräch beim Bauamt, sollte man auch das Gespräch mit seinen Nachbarn suchen. Natürlich nur dann, wenn an der Seite oder in Richtung der gemeinsamen Grenze ein Anbau geplant ist. Bei einer Grenzbebauung oder wenn die Abstandsflächen nicht eingehalten werden können, ist man sehr auf das Wohlwollen des jeweiligen Nachbarn angewiesen. Schon beim Bauamt wird man gefragt, ob eine entsprechende Einverständniserklärung vorliegt. Es kann aber noch weitergehen: Man stelle sich nur vor, der Nachbar pflanzt ausgerechnet dort einige Bäume, wo jeder Sonnenstrahl benötigt wird, um dem Wintergarten die

Eine sehr aufwendig gestaltete und gebaute Wintergartenanlage mit Rundbogendächern. Für größere Pflanzen die richtige Höhe.

Planung

nötige Helligkeit und Wärme zu bringen. Bei den heutigen geringen Grundstücksgrößen wären die Folgen nicht gerade ermutigend! Schon aus diesem Grunde sollte man auf eine gute Nachbarschaft größten Wert legen. Das gilt auch für die Gartenplanung, denn auch hier können die schönsten Pläne empfindlich gestört werden. Man sollte nach Möglichkeit gemeinsam planen, besonders wenn es um hochwachsende Bäume geht.

Der Bauantrag wird gestellt
Der Bauantrag ist schriftlich bei der zuständigen Verwaltungsstelle, also der Gemeinde, dem städtischen Bauamt bzw. dem Kreisbauamt des Landratsamtes, zu stellen. Mit dem Bauantrag sind alle für die Beurteilung und Bearbeitung nötigen Unterlagen einzureichen. Diese Unterlagen werden Bauvorlagen genannt. Der Bauherr und der Entwurfsverfasser, das kann auch der Lieferant des Wintergartens sein, haben den Bauantrag zu unterschreiben. Die übrigen Unterlagen werden vom Entwurfverfasser unterschrieben. Spezielle Vorlagen, wie beispielsweise die statische Berechnung, werden zusätzlich von den entsprechenden Fachleuten abgezeichnet. Ist der Bauherr nicht der Grundstückseigentümer, ist auch die Unterschrift des Eigentümers erforderlich. Wie man sieht, müssen recht viele Unterschriften für ein manchmal nur kleines Bauvorhaben eingeholt werden. Vereinfachungen sind im Gespräch.

Bauvorlagen
Die Bauvorlagen bestehen aus einem Formblatt, auf dem zunächst Fragen zum Baugrundstück, zum Bauvorhaben selbst, zu den Kosten und kleinere Detailfragen beantwortet werden müssen. Weiter werden benötigt: der Lageplan, Maßstab 1:500. Unter gewissen Umständen wird auch ein öffentlich beglaubigter Plan benötigt. Wenn man diese Pläne nicht in den Hausakten hat, bekommt man sie beim Katasteramt. Dazu kommen dann noch Berechnungen zum Haus und zum Grundstück, die im Normalfall ebenfalls in den Hausakten zu finden sind. Hat man sein Haus ohne Hauspläne und ohne diese technischen Daten gekauft, sollten eigentlich beim Bauamt entsprechende Unterlagen vorliegen. Als nächstes sind die Bauzeichnungen erforderlich. Für den Anbau werden sie vom Hersteller geliefert. Werden aber im Zuge des Anbaues weitere Baumaßnahmen erforderlich, werden auch weitere Baupläne nötig. Man denke nur an größere Durchgangsöffnungen oder die Errichtung von Mauern. Diese Zeichnungen sollten im Maßstab 1:100 ausgeführt werden. Die Baubeschreibung, in der die Herstellung und die verwendeten Materialien beschrieben werden, bekommt man ebenfalls vom Hersteller. Sie ist nicht zu verwechseln mit der Aufbau- oder Montageanleitung. Eventuell sind auch hier noch einige Ergänzungen nötig. Man kann ja beim Amt nachfragen. Sehr wichtig ist die statische Berechnung, die je nach Vereinbarung gegen eine Schutzgebühr vom Lieferanten beschafft wird. Ist es ein Typen- oder Serienerzeugnis, spart man sogar die Prüfgebühr. Allerdings sind die örtlichen Verhältnisse sehr unterschiedlich, deshalb wird es oft so sein, daß eine zusätzliche Statik für die Fundamentausbildung und für sonstige Baumaßnahmen erforderlich wird. Alles, was in irgendeiner Weise die Standsicherheit und die Konstruktion betrifft, muß statisch nachgewiesen werden. Damit hört es aber noch nicht auf, denn es werden noch Berechnungen über die Kosten, den Rauminhalt und die Nutz- und Wohnflächen verlangt. Der Nachweis bzw. eine Erklärung zum Wärmeschutz, eventuell zum Brand- und Schallschutz ist ebenfalls zu erbringen. Wenn das Bauwerk bis an die Grundstücksgrenze heranreicht, sind Erklärungen der Nachbarn beizubringen. Ob eine kleine Baumaßnahme oder Großvorhaben: Der Aufwand ist fast gleich.

Soll man einen Architekten beauftragen?
Wenn man diesen Forderungskatalog liest, wird man im ersten Augenblick schon einen kleinen Schreck bekommen. Sicher ist es einfacher, wenn man einen Architekten mit der Bearbeitung und Abgabe des Bauantrages beauftragt. Man zahlt und braucht nur noch eini-

Wintergarten

ge Unterschriften zu leisten. Die Leistungen der Fachleute wie Planer, Statiker und Bauleiter, die vom Lieferanten gestellt werden, müssen auch bezahlt werden. Man sieht dieses Geld nicht, da es – zumindest teilweise – in der Lieferung enthalten ist. Man muß bedenken, daß der Architekt die Interessen des Bauherrn vertritt. Er hat eine gewisse Fachkenntnis, die ihn befähigt vorkommende Fehler, welche vom Laien nicht so schnell erkannt werden, festzustellen. Der Autor ist etwas befangen, ist aber der Meinung, daß ein örtlicher Architekt, der sich um alles kümmert, sich auch bezahlt macht. Das volle Honorar muß unter Umständen gar nicht gezahlt werden, weil Teilleistungen von den Lieferanten erbracht werden. Ein Architekt und Bauleiter koordiniert auch die ganzen anfallenden Nebenarbeiten, soweit sie nicht vom Hauslieferanten erledigt werden. Es sind oft sehr viele Kleinigkeiten, die auf einer noch so kleinen Baustelle anfallen können. Ein Fachmann wird sicher besser damit fertig.

Sehr große Glasflächen bestimmen das Aussehen dieses hochgebauten Wintergartens. Sowohl die Terrasse wie auch der Balkon der ersten Etage sind hier überbaut worden. Selbstverständlich mußte man hier für eine entsprechende Schattierung sorgen.

Wärme, Wasser, Luft und Licht

Wintergarten als Wärmequelle

Energieeinsparung als Verkaufsargument
Wenn man sich die oft recht aufwendig gestalteten Prospekte ansieht und auch die Texte genau durchliest, welche von den Gewächshaus- und Wintergartenherstellern herausgegeben werden, könnte man glauben, man mache das Geschäft seines Lebens. Was wird da nicht alles versprochen! Da ist zunächst einmal das Argument: Weniger Heizkosten – bei den heutigen Energiepreisen sicher eine Tatsache, die eine gewisse Zugkraft besitzt. Natürlich stimmt es, wenn die warme Luft aus dem Glashaus in die Wohnung geleitet werden kann. Um aber das zu erreichen, muß ja erst der Glasanbau errichtet werden. Außerdem muß durch geeignete Maßnahmen die hier überschüssige Wärme in das Haus geleitet werden. Will man aber seine Pflanzen schützen und sorgt für eine ordentliche Schattierung und Belüftung, geht schon vorab wieder ein Teil der Wärme verloren oder besser: Sie steht ganz einfach nicht zur Verfügung.

Sonnenenergienutzung, Solararchitektur
Im Zusammenhang mit dem Begriff »Sonnenenergienutzung« taucht plötzlich der Begriff »Solararchitektur« auf. Jeder hat sicher schon etwas davon gehört, aber manch einer weiß, trotz vieler Publikationen zum Thema, noch nicht so recht etwas damit anzufangen. Über das Thema »Sonnenenergienutzung« ist schon viel gesagt und geschrieben worden. Wer sich im Zusammenhang mit dem Bau des Wintergartens ernsthaft mit den diesbezüglichen Fragen beschäftigen möchte, dem seien die speziellen Fachschriften, einschlägige Publikationen, Zeitschriften und auch Bücher empfohlen. Nur sollte man sein Ziel, einen Wintergarten zu bauen und einzurichten, dabei nicht aus den Augen verlieren.
Mit dem Begriff »Solararchitektur« wird die gezielte Nutzung der Sonnenenergie im Baubereich bezeichnet. In dieser Hinsicht sind von der Industrie durch die Bereitstellung entsprechender Geräte und Erzeugnisse und durch die Planer und Architekten hervorragende Ergeb-

Im Schnee ist dieser Wintergarten kaum zu erkennen.

nisse erzielt worden. Zwar wird immer noch experimentiert, das wird sicher auch so bleiben, aber es gibt schon Neuerungen und Erkenntnisse, die sich bewährt haben und auf denen weiter aufgebaut werden kann. Diese Erfahrungen sollte man unbedingt nutzen, vor allem dann, wenn man eine Wintergartenanlage plant, die mit der Wohnung in Verbindung steht. Sehen Sie sich auch auf Ausstellungen um, sprechen Sie mit den Herstellern und fragen Sie nach Erfahrungen anderer Wintergartenbesitzer.

Aktive Sonnennutzung
Wir unterscheiden einmal das aktive und dann das passive System der Sonnenenergienutzung. Beide müssen in der Lage sein, die Energie aufzunehmen, zu speichern und zu verteilen.
Beim aktiven System der Sonnennutzung werden spezielle Geräte eingesetzt, welche die aufgeführten Aufgaben übernehmen. Dazu gehören Sonnenkollektoren in den unterschiedlichsten Ausführungen und Wirkungsweisen. Sie wandeln, grob gesagt, die Sonnenstrahlen in nutzbare Wärme um.
Als nächstes wäre der Energieabsorber zu nennen. Er nutzt die Sonnenenergie und die Wärme der Umgebung. Er benötigt aber die Hilfe der Wärmepumpe, denn sie nutzt die Energie aus der Luft, der Erde, dem Grundwasser, die

Aus Spezialprofilen hergestellter Wintergarten, der recht hochgebaut ist, damit sich die Pflanzen auch entfalten können. Schattierungen sind hier eingebaut.

ja ebenfalls von der Sonne mehr oder weniger stark erwärmt werden.
Solarzellen können das einfallende Licht direkt in Strom umsetzen. Man denke in diesem Zusammenhang an die Raumfahrt, wo Batterien durch eben diese Solarzellen funktionstüchtig gehalten werden. Kleine Taschenrechner werden ja auch schon durch Solarzellen betrieben. Die Entwicklung, besonders für den privaten Bereich, steht sicher noch am Anfang und läßt noch viel erwarten.
Zu den genannten Geräten kommen dann noch geeignete Speichereinrichtungen, Pumpen und elektrische Steuerungsanlagen.

Passive Sonnenenergienutzung

Hier wird mehr mit baulichen Mitteln gearbeitet, während der Einsatz technischer Mittel nur eine untergeordnete Bedeutung hat. Die Speicherung der anfallenden Wärme übernimmt der Baukörper selber, während die Ventilatoren für die Weiterführung und Lenkung innerhalb des Hauses sorgen. Um möglichst viel Wärme speichern zu können, ist der Baukörper nach der Sonnenstrahlung auszurichten. Fenster, vor allem solche mit größeren Flächen, sollen nach Süden zeigen. Ein Windschutz durch Bäume und eine Begrünung sollten zwar vorhanden sein, aber auf einen Sonnenschutz durch die gleichen Bäume sollte man verzichten. Keine leichte Aufgabe. Für diese Vorhaben mehr als ideal sind vorgebaute Gewächshäuser oder Wintergärten.
Dann gibt es natürlich auch wieder Kollektoren, welche die Sonnenwärme auffangen, speichern und ableiten. Muß man diese Vorrichtungen für die passive Nutzung erst errichten und zwar nur für diesen Zweck, wird die Sache, was den effektiven Nutzen betrifft, schnell unwirtschaftlich. Anders sieht es aus, wenn man schon bei der Hausplanung und der Nutzung eventueller Glasflächen auf diese Energiegewinnung Einfluß nehmen kann.

Die Sonne muß wirken können

Damit man die Wärme der Sonne auch vernünftig nutzen kann, muß man den Strahlen auch die Möglichkeit geben, ins Haus zu gelangen. Bei Glashausanbauten ist dies immer der Fall, wenn nicht entsprechende Gegenmaßnahmen ergriffen werden. In anderen Fällen sollte so geplant werden, daß große Südfensterflächen geschaffen werden. Direkt bestrahlte Sonnenkollektoren gehören ebenso

Wärme, Wasser, Luft und Licht

dazu. Weiter sind Möglichkeiten zu schaffen, daß die durch Strahlung gewonnene Wärme auch in andere Räume weitergeleitet werden kann. Räume, in denen man die einstrahlende Sonne zur Raumerwärmung nutzen will, sollten möglichst eine große Speicherkapazität besitzen. Dazu gehören im Grunde alle Mauern, Decken und Böden. Ein Glashaus hat allerdings keine Speicherkapazitäten. Will man mit der Sonnenwärme einigermaßen wirtschaftliche Ergebnisse erzielen, ist selbstverständlich auch ein optimaler Wärmeschutz erforderlich.

Wintergarten aus der Sicht der Energiegewinnung

Bei der Herstellung und dem Betrieb eines Wintergartens geht man davon aus, daß er das ganze Jahr über genutzt wird. Alles andere wäre ja auch aus der Sicht des Pflanzenbestandes nicht zu vertreten. Wintergärten oder Glasanbauten nur aus Gründen der Energiegewinnung oder -einsparung zu errichten, wäre wirtschaftlich in keinem, noch so günstigen Fall eine gute Entscheidung. Sicher, man erhält eine Wärmepufferzone, spart auch Energie, aber man setzt auch eine enorme finanzielle Leistung dafür ein. Energie kann man preiswerter einsparen, wenn man auf dem Gebiet der Wärmedämmung am Wohnhaus etwas mehr unternimmt.

Zusatzheizung für den Wintergarten

»Glasbauten sind aus der Sicht des Energiefachmannes nur vertretbar, wenn sie im Winter nicht beheizt werden müssen.« Dieser Satz ist ein Relikt aus den Zeiten der Energiepreiskrisen. Bei den Pflanzen aus tropischen und subtropischen Ländern, die ja allein schon wegen ihrer dekorativen Wirkung im Gewächshaus gehalten werden, kommt man aber ohne Heizung nicht zurecht. Aus einem energiesparenden Wärmepuffer oder einem passiven großvolumigen Sonnenkollektor wird im Winter ein schlecht gedämmter Raum mit Wärmeverlusten. Man muß es so sehen, trotzdem bringt ein mit dem richtigen Glas ausgestatteter Anbau doch noch Energieeinsparungen, denn auch im Winter scheint die Sonne.

Schutz der Verglasung

Aus Gründen der Energieeinsparung ist es schon angebracht, die gesamte Eindeckung, vor allem zur Nachtzeit, durch wärmegedämmte Rolläden oder ähnliche Maßnahmen, beispielsweise Dämmelemente, gegen eine Auskühlung und somit vor Wärmeverlusten zu schützen. Im Sommer muß dann folgerichtig das Haus und sein Inhalt vor zuviel Sonne geschützt werden. Eine solche Winterdämmung ist natürlich sehr aufwendig und die Sommerdämmung umständlich zu handhaben, denn am frühen Morgen ist sie zu entfernen und auch zu lagern.

Zusammenfassung

Abschließend kann festgehalten werden, daß nicht alle Verkaufsargumente so stichhaltig sind, wie von vielen Herstellern behauptet wird. Fest steht allerdings, daß eine Energieeinsparung möglich ist, wenn nicht nur eine einfache Verglasung vorgenommen wird, sondern Spezialglas zur Anwendung kommt. Zum Thema »Glas« wird daher an anderer Stelle noch mehr gesagt.

Bei geplanten Energieeinsparungsmaßnahmen muß zunächst erst einmal ein gewisser finanzieller Einsatz geleistet werden und, wie gesagt, bei der aktiven Energiegewinnung ist ein entsprechender technischer Aufwand erforderlich. Heizkostenersparnisse können auch schon mit einfacheren Maßnahmen, besonders durch überlegte Wärmedämmung erreicht werden.

Um den Wärmetransport vom Anbau in die angrenzenden Wohnräume braucht man sich keine großen Gedanken zu machen. Die natürliche Ventilation und Konvektion sorgt für den Transport der Luft. Selbstverständlich muß man auch für die erforderliche Luftzufuhr und die Luftbewegung sorgen, aber das tut man ja schon im Interesse seiner Pflanzen.

Ein neuzeitlicher Wintergarten, hergestellt nach den letzten Erkenntnissen, ist kein Groschengrab, was die Energiefragen angeht. Das gilt auch für kalte Winter: Viele Wintergärten werden das ganze Jahr über genutzt. Nennen wir sie doch einfach »Ganzjahresgärten«.

Licht und Beleuchtung

Glas schluckt Licht

Trotz aller Beteuerungen der Hersteller erhalten die Pflanzen unter Glas nur etwa 60–80% des Lichtanteils, der in der freien Landschaft vorherrscht. Die Industrie hat in dieser Richtung viel getan, um den Lichtanteil zu erhöhen. Für die Konstruktion, vor allem aber für die innere und äußere Verschmutzung der Scheiben, müssen Abstriche gemacht werden. Bei den Kunststoffabdeckungen, vor allem bei 2- und 3fach wärmegedämmten Ausführungen, ist der Lichtverlust noch größer. Schon bei der Planung eines Wintergartens sollte man darauf achten, wie später die Glasflächen zu reinigen sind.

Links: An diesem Beispiel wird besonders deutlich, wieviel Licht durch eine schon ältere Dachverglasung verloren geht.

Unten: Kuppelförmiger Wintergarten, der auch wieder aus Spezialfolien hergestellt wurde. Eine großzügige Anlage.

Was bedeutet zu wenig Licht?
Schon am Fensterbrett seiner Wohnung kann man überprüfen, daß dunklere Bereiche, wie beispielsweise an der Nordwand, sich nur bedingt oder überhaupt nicht für die Aufstellung von Zimmerpflanzen eignen. Sicher ist ein helles Nordfenster immer noch besser als ein dunkles Südfenster, aber das Wachstum und die allgemeine Entwicklung der Pflanzen an lichtarmen Standorten liegen oftmals doch sehr hinter dem derjenigen Pflanzen zurück, die einen hellen Standort haben. Manche Pflanzen kümmern regelrecht vor sich hin. Liegen dann die Temperaturen noch recht niedrig, bedeutet dies eine Ruheperiode für die Pflanzen, die eben etwas länger anhält oder gar nicht mehr aufhört. Bei höheren Temperaturen vergilben die Triebe und es bilden sich weder Blüten noch Früchte. Licht bedeutet ganz einfach auch Leben.

Licht wird gemessen
Den Begriff »Lux« im Zusammenhang mit Lichtfragen hat man sicher schon einmal gehört. Lux ist eine Maßeinheit für die Beleuchtungsstärke. Elektriker haben ein solches Meßgerät, das man aber auch im Fachhandel kaufen kann. Zeigen Pflanzen Verkümmerungserscheinungen, die man sich sonst nicht so recht erklären kann, sollte man den Lichteinfall einmal überprüfen.
Hier einige Zahlen: Heller, strahlender Sonnentag = bis 100 000 Lux; wolkiger Tag im Winter oder im Wintergarten = 1000 bis 15 000 Lux.
Kakteen z. B. benötigen 3000–5000 Lux, Topfpflanzen mindestens 2000–3000 Lux. Kaum noch Vegetation gedeiht bei Lichtstärken unter 1000 Lux.
Bei ungünstigen Lichtverhältnissen sollte man den Dachbereich des Wintergartens nicht noch mit Rank- und Klettergewächsen zuwachsen lassen, auch dann nicht, wenn man die natürliche Beschattung als angenehm empfindet. Ebenso selbstverständlich sollten auch im äußeren Bereich keine derartigen Gewächse und größeren Schattenspender, sprich Bäume, stehen.

Ein fast vollkommen zugewachsener Wintergarten; dies wirkt sich aber auf die Lichtverhältnisse aus.

Künstliche Beleuchtung
In der Regel kommt man in einem richtig angelegten Wintergarten ohne großartige Beleuchtungseinrichtungen aus. Will man sich aber auch an dunkleren Tagen oder Abenden hier aufhalten, beispielsweise im Winter, sollte man Kunstlicht installieren. Bei normaler Luftfeuchte, wie wir sie auch in der Wohnung vorfinden, kommen wir immer noch mit preiswerten, besser mit Feuchtraum-Leuchten aus. Selbstverständlich wird man in einem Pflanzenhaus keinen Kronleuchter anbringen, der letztlich ja den Pflanzen die Schau stiehlt. Pflanzen sollen immer das beherrschende Moment darstellen, denn nur wegen der besseren Aussicht in den Garten legt man sich sicher keinen Wintergarten an.
Besser sind an dieser Stelle ganz einfache und vor allen Dingen zweckmäßige Leuchten. Diese praktischen Leuchten sind zwischen 600 und 1500 mm lang und je nach Bestückung zwi-

Wintergarten

schen 50 und 150 mm breit. Sie können auch an Pendeln aufgehängt werden.

Um einzelne Pflanzen- oder Pflanzengemeinschaften besonders herauszustellen, sind sogenannte Punktstrahler sehr schön und praktisch. Es gibt unzählige Ausführungen und Formen, bestückt mit den unterschiedlichsten Lampen. Auch bei allen übrigen Leuchten gibt es viele interessante und formschöne Neuentwicklungen, die man sich unbedingt ansehen sollte. Wie gesagt, bei nicht zu hoher Luftfeuchte können problemlos Normalleuchten verwendet werden.

Wassergeschützte Leuchten

Wird der Wintergarten mehr als Gewächshaus genutzt und herrscht somit auch eine höhere Luftfeuchte, kommt man ohne geschützte Leuchten und ohne eine entsprechende Installation nicht aus. Wegen der Schutzvorrichtungen gegen Wasser und Feuchtigkeit sehen diese Leuchten nicht immer so elegant aus; sie sind natürlich auch teurer. Im allgemeinen sind sie durch ein glasfaserverstärktes Polyestergehäuse abgedeckt und so vollständig korrosionsbeständig. Bei der Verwendung in feuchtwarmen Räumen sind sie ganz einfach eine Notwendigkeit. Durch den Einsatz von Reflektoren läßt sich eine gewünschte Lichtrichtung schaffen und die Beleuchtungsstärke ganz wesentlich erhöhen. Das gilt für alle Strahler.

Hohe Lichtausbeute durch Röhren und Lampen

Es ist wohl eine bekannte Tatsache, daß durch den Einsatz von Leuchtstoffröhren eine bis zu sechsfach höhere Lichtausbeute erreicht wird. Mittlerweile gibt es fertige Beleuchtungssets, die wir nur aufzuhängen brauchen. Dabei aber daran denken, daß die Beleuchtungsstärke (Lux) mit der Entfernung Lampe – beleuchtete Fläche abnimmt.

Zusätzlich zum Tages- oder Kunstlicht werden Halogen-Glühlampen als Akzent- und Effektlicht empfohlen. Für Assimilationslicht sind Leuchtstofflampen (Langfeldlampen) 3- oder 5-Banden-Lampen (Lichtfarbe »Warmton de Luxe« 18–25 Watt) geeignet. Aufhängehöhe 38–50 cm über den Pflanzen. Für die Belichtung kleinerer Gefäße haben sich Kompakt-Leuchtstofflampen bewährt. Als Lichtfarben kommen »Warmton« und »Warmton extra« in Betracht. Weiterhin eignen sich Quecksilberdampf- und Metallhalogendampf-Hochdrucklampen ab 35 Watt. Die Lichtausbeute ist zwar etwas geringer, jedoch die Wirkung auf das menschliche Auge angenehmer. Der Lampentyp mit der höchsten Energieausbeute ist die Natriumdampf-Hochdrucklampe.

Schaltuhren

»Rund um die Uhr« darf nicht belichtet werden (Ruhephasen). Die Belichtungszeit (Tages- und Kunstlicht) darf im Sommer nicht mehr als 16 Stunden und im Winter nicht mehr als 12 Stunden pro Tag betragen. Die Zeitdauer ist von der Jahreszeit abhängig. Im Winter muß man länger als im Frühjahr oder Herbst belichten.

Zum Ein- und Ausschalten eignen sich die üblichen Steckdosen-Schaltuhren, die man alle Monate umrüsten muß (Reiter umstecken). Automaten mit Fotozelle (sog. Luxmeter), sind teurer und schalten nach eingestellten Lichtwerten ein und aus.

Bewässerungsfragen

Leitungswasser ist problematisch

Jeder, der sich in irgendeiner Form schon einmal mit Pflanzen beschäftigt hat, weiß, daß Wasser nicht gleich Wasser ist. Dies trifft ganz besonders auf das von Stadt zu Stadt unterschiedliche Leitungswasser zu. Hoher Kalkgehalt im Wasser schadet den Pflanzen und verursacht Kalkablagerungen an den Behältern, was nicht gut aussieht. Was oftmals noch schlimmer oder ärgerlicher ist: die Leitungen und Düsen der Luftbefeuchter setzen sich mit Kalk zu. Was nützt in diesem Fall dann noch eine aufwendige Steuerungsautomatik? Selbstverständlich bekommt man entsprechende Filtergeräte, welche in den meisten Fällen in der Nähe der Wasseruhr angeschlos-

Wärme, Wasser, Luft und Licht

sen werden und das gesamte, im Haus gebrauchte Wasser filtern. Das hat auch noch den Vorteil, daß alle Leitungen im Hause vor den Ablagerungen, die manchmal ganze Leitungsquerschnitte verstopfen, geschützt werden. Ablagerungen in der Kaffeemaschine, dem Bügeleisen oder in den Thermostaten gehören dann der Vergangenheit an. Man sollte sich nicht nur wegen der Bedürfnisse im Wintergarten einmal grundsätzlich mit Entkalkungsfragen beschäftigen. Den Rohrleitungen sieht man die Verkalkung nicht an, bis die Rohre eines Tages verstopft sind. Bei den Haushaltsgeräten ist es ein Problem, mit dem sich zuerst die Hausfrau herumschlagen muß, bei den Kalkablagerungen an den Pflanzenkübeln dagegen sind alle betroffen und es sollte baldmöglichst etwas dagegen unternommen werden.

Als echte Alternative bietet sich Regenwasser an, obwohl Kritiker dann schon wieder den Begriff »Saurer-Regen« anführen werden. Andere werden bemängeln, daß der Schmutz, der sich auf dem Dach und in der Dachrinne angesammelt hat, in den Sammelbehälter gelangt und später über Pflanzen ausgegossen wird. Wieder andere befürchten, daß Zinkspuren von der Dachrinne und den Fallrohren eine Gefahr für die Pflanzen darstellen könnten. Etwas wird man immer finden und auch bemängeln können, trotzdem ist Regenwasser immer noch das beste Gießwasser, und man sollte sich um entsprechende Auffangmöglichkeiten und Sammelbehälter bemühen. Eine chemische Wasserbehandlung im Zusammenhang mit der Gewächshausbewässerung kommt weniger in Betracht.

Regenwasser sammeln

Schon seit einigen Jahren werden Ablauf-Vorrichtungen (Regenwasserklappen) angeboten, die ganz einfach in die Regenfallrohre eingebaut werden können. Das bedeutet: Aus einem bestehenden Rohr wird ein bestimmtes Stück herausgeschnitten und durch einen passenden Einsatz ersetzt. Das vom Dach herunterkommende schmutzige Wasser läuft zunächst in die Kanalisation und wird nach Betätigung des Umlenkmechanismus in ein bereitstehendes Wasserfaß geleitet. Es sind verschiedene Systeme zu bekommen. Diese Anlagen sind recht preiswert und in unterschiedlichen Größen lieferbar. Man kann sie selber einbauen.

Wasserbehälter

Neben den einfachen Plastik- oder Holzfässern für den Minimalbedarf werden auch Großbehälter, die manchmal mehr als 2000 Liter aufnehmen, angeboten. Diese Regenwasserbecken, hergestellt aus Kunststoffen, sind sehr stabil und praktisch unbegrenzt haltbar. Das Material besteht aus einem säure- und bruchfesten, glasfaserverstärkten Polyesterharz, auch aus beständigem, UV-geschütztem Polyethylen.

Im Garten oder überhaupt im Freien aufgestellt, sind sie absolut frostbeständig. Ein Großbecken mit den erwähnten 2000 Liter Fassungsvermögen hat die folgenden Abmessungen: Länge ca. 200 cm, Breite ca. 140 cm, Tiefe ca. 90 cm. Die Becken haben oben einen breiten Rand und können mit einem Deckel, auf dem auch noch Pflanzen abgestellt werden können, abgedeckt werden. Eine sehr praktische Sache! Der kleinste der hier angebotenen Behälter hat immerhin noch ein Fassungsvermögen von 100 Litern und die entsprechenden Abmessungen von $80 \times 50 \times 30$ cm.

Man kann ja sehr viele Anlagen in Haus und Garten selber anfertigen, aber diese Becken sind in vielerlei Hinsicht doch besser und preiswerter als ein selbstgebauter, betonierter Behälter, der auch noch wasserdicht ausgeführt werden muß. Übrigens kann man die Kunststoffbehälter auch in den Boden einlassen. Man kann ihn auch ca. 70 cm aus dem Boden herausstehen lassen und ihn so als Tisch oder Ablage nutzen. Der Deckel hält dem Druck schon stand.

Regenwasserpumpe

Damit das Regenwasser nicht in Portionen von je 10 Litern herangeschafft werden muß, sollte man sich schon für die Anschaffung einer Pumpe, möglichst sogar mit einer Automatik, ent-

Wintergarten

scheiden. Die Pumpe versorgt dann auch den Luftbefeuchter. Es entfällt damit schon einmal die Überwachungsfunktion, die oft zu leicht vergessen wird. Die Pumpe schaltet sich automatisch ein, sobald das Schwimmerventil eines Luftbefeuchters sich öffnet oder ein Handventil eines Gießgerätes betätigt wird. Auch wenn das Wasserbecken außerhalb des Wintergartens aufgestellt ist und somit eine längere Strecke überbrückt werden muß, arbeiten die Pumpen einwandfrei. Pumpe und Zuleitung müssen allerdings vor Frost geschützt werden. Eis kann nicht transportiert werden!

Weitere Zusatzteile
Da ist zunächst der Feuchtigkeitsfühler mit Regler zur automatischen Steuerung von Düsen und Beregnungsanlagen. Weiter gibt es da die sogenannte Düsenlanze. Sie ist mit einer Wasserstaubdüse und eingebautem Sieb ausgerüstet. Der Sprühkreisdurchmesser beträgt 70-100 cm. Die Düsenlanze ist für eine mehr gezielte Befeuchtung in den unteren Bereichen, welche man sonst schlecht erreicht, gedacht.
Weiter geht es mit speziellen Wassernebeldüsen bis hin zu einem Magnetventil zur automatischen Steuerung von Sprüh- und Beregnungsanlagen in Verbindung mit Schaltuhren, Hygrostaten. Auch die wassersparende Tropfbewässerung gehört hier genannt. Wie sich jetzt schon andeutet, kann ein Wintergarten oder ein Gewächshaus vollkommen automatisch gesteuert werden. Einmal das Programm oder die jeweiligen Regler eingeschaltet, und schon erhält man das gewünschte, den Pflanzen entsprechende Klima. Ohne Regler könnte man ein solches, teilweise mit Pflanzen aus südlichen Ländern bestücktes Haus nicht so leicht betreiben. Dabei wird noch nicht einmal an eine zuverlässige Urlaubsvertretung gedacht. Man muß nur darauf achten, daß auch die Menschen hier noch angenehme Umwelt- und Lebensbedingungen vorfinden und das bei aller Liebe zu den Pflanzen. Günstige Bedingungen für beide Gruppen zu schaffen, ist die eigentliche Kunst beim Betrieb eines Wintergartens.

Lüftungsfragen

Stehende, stickige, feuchtwarme Luft ist Gift für alle Lebewesen. Nur Ungeziefer und pflanzliche Schädlinge wie Pilze begrüßen solche Verhältnisse. Das Pflanzenwachstum kommt zum Erliegen und der Mensch fühlt sich in einer solchen Umgebung ebenfalls nicht wohl. Es muß eben alles stimmen, wenn man einen Wintergarten einrichtet. Nur mit dem Bau allein ist es nun einmal nicht getan. Es sollte auch auf keinen Fall am falschen Ende gespart werden. Zumindest sollte man sich beim Bau alle Möglichkeiten offenhalten, damit zu einem späteren Zeitpunkt die angesprochenen Geräte ohne Schwierigkeiten eingebaut werden können.

Einbau von Ventilatoren
Gute Wachstums- und Lebensbedingungen werden manchmal erst durch den Einbau von Luftumwälzern möglich gemacht. Die Wärme- und Luftfeuchte wird in allen Raumbereichen doch gleichmäßiger verteilt. Die oft ärgerliche Tropfwasserbildung wird wirksam verhindert, d. h., sie tritt erst gar nicht auf. Durch die bewegte Luft werden die natürlichen Außenverhältnisse, dort bewegt sich die Luft ja ständig, auf den Innenraum übertragen.
Bei der Anschaffung der Ventilatoren sollte man deren Leistung recht großzügig auslegen. Reduzieren kann man immer, aber etwas drauflegen ist in dieser Hinsicht schlecht möglich. Ein Luftumwälzer kann zwar im Grunde immer in Betrieb sein. Natürlich darf es dabei aber nicht zu Zugerscheinungen kommen.
Die Luftumwälzer werden im oberen Bereich des Raumes, auf jeden Fall aber über der Kopfhöhe, im Gang oder an einer nicht umbedingt im Blickfeld liegenden Stelle aufgehängt. Die Luft muß zirkulieren können. Man kann schon mit 2 Luftumwälzern einen Luftkreislauf schaffen. Bei kleineren Räumen genügt natürlich 1 Gerät. Eine 30–50fache Luftumwälzung ist schon angebracht und sollte auch angestrebt werden. Der Geräuschpegel, auch daran sollte gedacht werden, liegt bei etwa 40–45 Dezibel. Die verantwortungsvollen

Wärme, Wasser, Luft und Licht

Im höchsten Punkt der Kuppel angebrachte Lüftungsflügel, die durch Fernsteuerung oder eine Automatik betätigt werden. Eine bessere Stelle für eine wirkungsvolle Entlüftung ist kaum denkbar.

Eine saubere und schlichte Lösung, die sich bei voller Bepflanzung ganz in die Umgebung einfügt. Im oberen Dachbereich befindet sich eine Reihe von Lüftungsflügeln. Diese auf breiter Front angeordnete Entlüftung sorgt für einen gleichmäßigen Luftabzug. Probleme kann es mit der Schattierung geben.

Wintergarten

Hersteller geben im übrigen an, für welche Raumgröße welches Gerät verwendet werden kann. Nicht vergessen sollte man in diesem Zusammenhang auch, daß durch die Luftumwälzer Heizungskosten, Schädlingsbekämpfungsmittel und eventuelle Neuanpflanzungen eingespart werden können.

Zwangsentlüftung

Wir unterscheiden zwischen der natürlichen Entlüftung und der automatisch gesteuerten Zwangsentlüftung. Im ersten Fall werden nur Lüftungsklappen, die möglichst im Dach oder im oberen Seitenbereich angebracht sind, geöffnet. Man muß dann selber entscheiden, eventuell mit Hilfe von Thermostaten, Feuchtereglern (Hygrostaten) und der Beobachtung der Umgebung, wann diese Lüftungsklappen wieder geschlossen werden können. Wegen der Kontinuität ist Automatik sicherer.

Ganz anders sieht es bei der windunabhängigen Zwangsentlüftung aus. Die Ventilatoren werden möglichst hoch in die Seiten- oder Giebelwände eingebaut, da bekanntlich die warme und verbrauchte Luft aufsteigt und an dem höchsten Punkt abgeleitet werden soll. Nachdem die über einen Thermostaten eingestellte Temperatur erreicht ist, stellt sich die Anlage automatisch ab. Selbstverständlich muß für einen Ersatz der abgesaugten Luft gesorgt werden. Dies geschieht durch im unteren Bereich angebrachte Lüftungsklappen oder durch zusätzliche Belüftungsventilatoren. Alles, einschließlich des Öffnens der Lüftungsklappen, regelt sich auch wieder automatisch.

Automatischer Fensteröffner

Im Zusammenhang mit den Lüftungs- und Zwangsbelüftungsmaßnahmen ist auch unbedingt der automatische Fensteröffner zu erwähnen. Nur ist in diesem Fall einmal kein Anschluß an irgendeine Versorgungsleitung erforderlich. Die erprobte, praktisch und zuverlässig arbeitende Automatik kommt ganz ohne Energie aus. Das Öffnen wird von einem Druckzylinder betrieben, der mit einem Spezialwachs gefüllt ist. Dieses Wachs dehnt sich bei einer Erwärmung sehr stark aus. Die Ausdehnung überträgt sich auf ein sinnvoll angeordnetes Gestänge, welches das Fenster öffnet. Wird es wieder kälter, besorgt eine Rückholfeder die sichere Schließung des Fensters. Mit einer Stellschraube wird ganz individuell die Öffnungstemperatur eingestellt. Das Gerät arbeitet, wie schon gesagt, absolut sicher und zuverlässig und kann sowohl in Dachflächen als auch in senkrechten Seitenflächen eingebaut werden. Bewegungsgeräusche entstehen nicht. Eine Auskühlung wird sicher vermieden, und eine übermäßige Innenerwärmung wird ebenfalls weitgehend ausgeschaltet. Für größere Häuser sind gegebenenfalls mehrere solcher Lüftungsfenster anzuschaffen. Sie sind sehr zu empfehlen.

Luftbefeuchter

Vorbei sind ganz sicher die Zeiten, als zur Klimaverbesserung, vor allem gegen zu trockene Luft, flache, mit Wasser gefüllte Schalen auf die Fensterbank oder ins Blumenfenster gestellt wurden und man sich fast ausschließlich auf die Verdunstung verließ. Reichten diese Schalen nicht aus, arbeitete man mit Wasserzerstäubern oder sorgte für nasse Platten im Bodenbereich. Alles nur mangelhafte Notlösungen.

Wie man sich vorstellen kann, wird heute nichts dem Zufall überlassen. Alles ist automatisch geregelt.

Luftfeuchtigkeit ist wichtig

Die richtige Luftfeuchtigkeit in einem grünen Wohnzimmer ist für Menschen und Pflanzen wichtig, auch stärkere Schwankungen auf diesem Gebiet richten Schaden an. Bei stärkerer Sonneneinstrahlung kommt es zwangsläufig zu einer Erhöhung der Temperatur. Automatisch oder von Hand betrieben öffnen sich die Lüftungsklappen und die Luftfeuchte im Haus gleicht sich an die natürliche, äußere Luftfeuchtigkeit an. Aber auch in der Nacht erhöhen sich, bedingt durch die niedrigeren Temperaturen, die Feuchtigkeitswerte. Sie sollten

Wärme, Wasser, Luft und Licht

nicht zu weit ansteigen. Bei mäßigen Lichtwerten, niedrigen Temperaturen und hoher Luftfeuchte kann es bei einigen Pflanzen besonders leicht zu einem Pilzbefall kommen, vor allem dann, wenn wegen der Kälte oder Kühle auch noch wenig gelüftet wird. Abgesehen von den Pflanzen vertragen ja auch Möbel, Stoffe, Teppiche und andere Wohnungseinrichtungsteile eine längere Feuchtigkeitsperiode nur sehr schlecht. Das gilt auch für die Gesundheit der Bewohner. Vom muffigen Geruch gar nicht zu sprechen.

Automatische Luftbefeuchter

Im Sommer haben wir es in der Regel mit einer geringen Luftfeuchte zu tun. Das gilt allerdings auch für die Winterzeit, wenn der Wintergarten in Verbindung mit dem anschließenden Wohnraum zu stark beheizt wird. Hier kann man sich schon einmal helfen, indem zwischen den beiden Räumen eine Türanlage vorgesehen wird. Ansonsten sind in beiden Fällen schon einmal automatische Luftbefeuchter erforderlich, denn die richtige, gleichbleibende Luftfeuchte ist die Garantie für ein gesundes Raumklima und ein gutes Pflanzenwachstum. Das gilt gleichermaßen für die Wohnung und das Gewächshaus bzw. den Wintergarten.

Mit automatisch geregelten Elektro-Luftbefeuchtern läßt sich ohne großen Aufwand die gewünschte, besser gesagt die erforderliche relative Luftfeuchtigkeit schaffen. Durch Zentrifugalverschleierung erzeugen diese Geräte einen feinen Wasserstaub, der sofort ohne zu netzen in reine Luftfeuchtigkeit übergeht. Wasserflecken auf Möbeln und Pflanzen entstehen also nicht.

Schon wieder eine Automatik, diesmal ein Feuchteregler, der dafür sorgt, daß die einmal eingestellte relative Feuchte nicht unterschritten wird. In Wohnräumen sollte die Luftfeuchte bei 50–60% liegen und in Gewächshäusern bei 60–80%. In Wintergärten liegt sie je nach Bepflanzung bei etwa 60%. Dies ist ein guter Mittelwert. Die Wasserzufuhr wird selbstverständlich auch wieder automatisch geregelt. Diesmal wird die Arbeit von einem einfachen

Hier wurde ein Anlehngewächshaus zu einem Wintergarten umfunktioniert.

Schwimmventil erledigt. Über die Qualität des zu verwendenden Wassers wurde an anderer Stelle schon etwas gesagt. Zu hartes Wasser ist nicht empfehlenswert. Die beste Zeit für eine Vernebelung ist der frühe Morgen. Man kommt damit den natürlichen Verhältnissen unserer Umgebung doch recht nahe. Das kann auch wieder durch den Feuchtigkeitsregler und davon unabhängig durch eine Kurzzeitschaltuhr geregelt werden. Bei der Anschaffung und Montage der entsprechenden Geräte muß man sich beraten lassen, damit auch ausreichend dimensionierte Geräte angeschafft werden, welche die erforderlichen Leistungen erbringen. Dabei muß auch der Luftwechsel pro Stunde beachtet werden und die Tatsache, daß durch die Lüftung ebenfalls viel Luftfeuchte verloren geht. Man sieht also schon an dieser kurzen Aufzählung, daß der technische Aufwand recht beachtlich ist, wenn man für Mensch und Pflanze ideale Luft- und Lebensbedingungen schaffen möchte. Aber einmal eingestellt, sorgen die vielen Regler und Automaten dafür, daß man sich um nichts mehr kümmern muß und man seine Umgebung sorglos genießen kann. Ein Hoch auf die Technik, welche uns diese Annehmlichkeiten bringt.

Wärme, Wasser, Luft und Licht

Klimasteuerung

Alles, aber auch wirklich alles, was für eine automatische Klimasteuerung benötigt wird, sollte an einer zentralen Stelle und möglichst nahe beieinander und übersichtlich untergebracht werden. Eventuelle Störungen werden so schnell bemerkt. Davon ausgenommen sind Thermostate, Wärmefühler, kurz die Geräte, die auf klimatische Veränderungen reagieren und diese Veränderungen auch anzeigen. Damit nun nicht an allen möglichen und unmöglichen Stellen Schaltuhren, Anzeiger und ähnliche Anschlüsse montiert werden, bietet der einschlägige Fachhandel sehr praktische Schaltschränke an, die nebenbei auch dem Elektriker die Arbeit wesentlich erleichtern und letztlich die Anlage preisgünstiger machen. Solch ein Schaltzentrum soll, damit möglichst kurze Leitungswege erreicht werden, auch in der unmittelbaren Nähe des Wintergartens aufgestellt werden. Schön wäre es, wenn ein Blickkontakt zu allen Endpunkten innerhalb des Kabel- und Leitungsnetzes hergestellt werden könnte. Damit es nicht zu Kurzschlüssen kommt, darf natürlich kein Wasser und auch keine Feuchtigkeit an die Automaten und Anschlüsse gelangen. Sehr praktisch ist eine durchsichtige Abdeckung, damit man ohne den Schrank zu öffnen alles leicht überprüfen kann, wenn das eine oder andere Gerät einmal ausfällt oder sonstige Störungen den Betrieb lahmlegen sollten. Bei der Anschaffung sollte man sich nicht nur von seinem Hauselektriker beraten lassen, sondern auf jeden Fall auch noch Gewächshausexperten heranziehen.

Was kann in den Schaltschrank?

Nachstehend eine kurze Übersicht, was im Schaltschrank untergebracht werden kann. Man sollte aber nicht erschrecken, denn alles ist nicht unbedingt oder sofort erforderlich. Man kann an den automatischen Ausbau ja auch etappenweise herangehen.
Da ist zunächst einmal der Hauptschalter, mit dem die komplette Anlage bei Störungen sofort ausgeschaltet werden kann. Dann kommen einige Automatikschalter für verschiedene, zuvor erwähnte Anlagen; einige Handschalter und Schaltuhren u. a. für die Beleuchtungsregelung, die nächtliche Temperaturabsenkung und die Feuchtigkeitsregelung. Die Thermostate darf man nicht vergessen. Dann kommen die Zuleitungen für die Heizungsumwälzpumpe, wenn nicht eine Elektroheizung gewählt wurde, weiter Leitungen für die Temperaturregelung, die Wasserversorgung, d. h. die Regenwasserpumpe, die Luftbefeuchter einschließlich der Regler, die Entlüftung (mit Windgeschwindigkeitsmesser/Sturmwarner; schließt bei Gefahr die Lüftung und fährt die Außenschattierung zurück), die Luftumwälzer, Drehzahlregler, die Allgemeinbeleuchtung, eine eventuelle Zusatzbeleuchtung, gedacht wird hier an Strahler und Leuchten. Dann kommt die Beleuchtung außerhalb des Wintergartens. Nicht zu vergessen ist der Anschluß für einen Steckdosenkreis. Zusatzgeräte werden immer einmal gebraucht. Eine eventuelle Dachrinnenheizung besteht nur aus einem Heizkabel und sorgt dafür, daß an Frosttagen das Schneewasser schneller abläuft. Allerdings sind Rinnenbeheizungen nicht mehr relevant. Die heutigen Konstruktionen sind so gestaltet, daß Eis und Schnee, auch im Bereich der Eindeckungen, keinen Schaden anrichten können. Gibt es trotzdem Bedenken (extreme Schneelage), sprechen Sie mit dem Hersteller.
Widerstehen Sie der Versuchung, sich selbst am Schaltschrank sowie dem Anschluß von Leitungen und Kabeln zu betätigen. Es sei denn, Sie sind vom Elektrofach oder die Verbindungen sind mittels Steckelementen herzustellen. Eigene Basteleien gehören in den Bereich des Unerlaubten, denn die Sicherheit ist nur gewährleistet, wenn Vorschriften und Bestimmungen eingehalten werden!
Dazu gehört u. a. die »VDE 0100«, nach der verschiedene Raumarten (feuchte, nasse Räume) unterschieden werden. In diesen Bereichen dürfen nur bestimmte Kabel und Leitungen zur Verwendung gelangen. Festangeschlossene Geräte ab 2 kW (z. B. Elektrorippenrohr-Heizkörper) sollen gesonderte Stromkreise erhalten.

◁ Großflächige Lüftungsflügel in der Stirnwand des Wintergartens.

Alles über Glas

Verglasung

Das ist ein wichtiger und entscheidender Abschnitt, aber alles über Glas und die entsprechenden Kunststoffe zu sagen, würde den Rahmen dieses Buches sprengen und ist auch nicht beabsichtigt. In allen Bereichen der Terrassenüberdachungen und der neuzeitlichen Wintergärten kommt man an diesen Materialien als Abdeckung für Dach und Seiten nicht vorbei. Was die Konstruktionen und Bauweisen betrifft, so ist die Vielfalt derart groß, daß man Mühe hat, nur die wichtigsten Beispiele richtig zu beschreiben. Was die Verglasung betrifft, so gibt es hier zwar einige Möglichkeiten, aber nur wenige echte Alternativen.

Um das Gebiet überhaupt etwas in den Griff zu bekommen, soll erst einmal unterschieden werden zwischen der Kunststoffverglasung mit den Untergruppen Isolier- und Sicherheitsverglasung und der sogenannten Normalverglasung mit den gleichen Untergruppen. Es wird etwas gesagt über die Anwendungsmöglichkeiten, die eventuellen Vor- und Nachteile und über die wichtigsten Verarbeitungs- und Pflegemaßnahmen.

Eine Kombination von offener Überdachung und Wintergarten. So entsteht eine geschlossene Einheit. Durch die großen Glasflächen wird die Transparenz erhöht. Später wird die jetzt noch niedrige Bepflanzung die Anlage überdecken. Dies sollte bei der Planung bedacht werden.

Wintergarten

Eindeckungen mit Kunststoffmaterialien

Obwohl ja Namen nur sehr sparsam genannt werden, um eben auch hier schon eine gewisse Neutralität zu wahren, kommt man um die Begriffe und Namen wie Acrylglas, Makralon und Plexiglas einfach nicht herum. Viele Hersteller von Kunststoffen arbeiten mit diesen Materialien. Es sind nebenbei bemerkt aber auch Markennamen, die seit vielen Jahrzehnten bekannt sind. Nicht umsonst können auf diese Erzeugnisse Garantien von 10 Jahren gegeben werden. Diese Garantien beziehen sich auf die Witterungsbeständigkeit, auf die Vergilbung und die Versprödung. Wenn man weiß, welche Belastungen das Material aushalten muß, und wenn es nur die Temperaturschwankungen sind, kann man nur staunen. Ganz so selbstverständlich ist das alles nicht. Der Schutz vor mutwilligen Zerstörungen sollte als zweiter Gesichtspunkt, vor allem bei der Eindeckung, auch noch bedacht werden.

Flache Platten

Wie alle diese Erzeugnisse zeichnen sich auch glatte Platten durch eine porenlose Oberfläche aus. Der überall auftretende Schmutz findet kaum eine Angriffsfläche, ansonsten sorgt der Regen für eine erste Reinigung. Dazu muß gesagt werden, daß es diese besondere Witterungsstabilität noch gar nicht so lange gibt. Auch an bewährten Erzeugnissen gibt es immer noch etwas zu verbessern. Ganz wichtig ist auch die Frage der Lichtdurchlässigkeit, dies besonders für den Wintergartenbesitzer. Eine 3 mm starke Platte hat beispielsweise eine Lichtdurchlässigkeit von 92%. Das Plattengewicht ist unerheblich, vielmehr interessieren den Statiker die Belastbarkeit der Platten und der Konstruktion. Man darf ja nicht nur das Eigengewicht sehen, sondern muß an Schnee und Eis sowie an den Winddruck denken.

Neben den Platten mit der glatten Oberfläche sind Platten mit strukturierter Oberfläche sowie Platten mit Sonnenschutzeinfärbung zu bekommen. Die Lichtdurchlässigkeit kann dann je nach Einfärbung und Fabrikat bis über die Hälfte zurückgehen. Bei einer Terrassenüberdachung sind diese Werte noch zu verkraften, da ja ausreichend Licht von den Seiten zu erwarten ist. Die Pflanzen des Wintergartens vertragen diesen Lichtverlust aber überhaupt nicht.

Ein nicht zu unterschätzender Vorteil dieser Platten muß auch noch genannt werden: Die Platten lassen sich biegen, was bisher kaum bekannte, neue Gestaltungsmöglichkeiten eröffnet. Schicke Überdachungen in dieser Richtung sind schon zu sehen.

Wellplatten aus Kunststoff

Sehr interessant für die Terrassenüberdachung sind auch die Wellplatten. Man bekommt sie in glatter und strukturierter Oberfläche. Durch die strukturierte Oberfläche wird eine direkte Sonneneinstrahlung verhindert, kurz das Licht wird gebrochen. Eine unmittelbare Durchsicht ist ebenfalls nicht mehr möglich. Manchmal wird so etwas ja gewünscht. Denkbar wäre der Einsatz bei einer Terrasse eines Mehrfamilienhauses. Damit einem die Bewohner der oberen Etagen nicht in die Kaffeetasse sehen, wird eine Abdeckung aus eben diesen strukturierten Gläsern vorgenommen. Man sollte aber auch bedenken, daß diese Flächen anfälliger gegen eine Verschmutzung sind.

Isolierverglasungen

Wenn es um die Verglasung eines Gewächshauses oder Wintergartens geht, spricht alle Welt von den Stegdoppelplatten. Wahre Energieeinsparungswunder werden erzählt. An den Geschichten ist auch etwas dran, denn bei richtiger Anwendung kann tatsächlich viel Energie gespart werden. Diese Platten werden mit ganz geringfügigen Unterschieden von mehreren Herstellern angeboten.

Stegdoppelplatten bekommt man schon mit einer Stärke von nur 6 mm. Die Plattenbreiten liegen zwischen 60 cm und 150 cm, die Lieferlängen zwischen 100 cm und 600 cm. Die allgemein verwendeten Stegdoppelplatten sind 16 mm stark. Die beiden äußeren Platten werden durch Stege verbunden. Durch diese Stegverbindungen entstehen Luftkammern. Au-

Alles über Glas

ßerdem werden die Flächen versteift und können daher besonders stark belastet werden.
Ein gewisser Nachteil liegt darin, daß durch zwei Platten und die Stege ein gewisser Lichtverlust nicht ausbleibt. Aber was im Gewächshausbau ausreicht, sollte ja auch für den Wintergarten genügen. Das Gewicht liegt bei 5 kg/m². Eine seltene Erscheinung: Auch große Hagelkörner, die schon so manche Wintergartenscheibe zerschlagen haben, können diesen Platten nichts anhaben. Ein weiterer Vorteil: kittlose Verglasung.

Es kann vorkommen, daß sich in den Kammern infolge hoher Luftfeuchte Kondenswasser bildet. Aus diesem Grund sollten die Stege immer in Richtung der Dachneigung verlaufen. Dazu gleich ein Hinweis zur Dachneigung. Damit eventuell auftretendes Kondenswasser schnell abläuft und auch der äußere Schmutzfilm schnell abgewaschen wird, sollte schon eine Dachneigung zwischen 5 und 10% eingehalten werden. Beim Wintergarten sieht dies aus optischen Gründen oft auch besser aus.

Diese Kunststoffe haben im Grunde nur eine negative Eigenschaft, die bekannt ist und über die auch laut gesprochen wird. Im Sommer, also bei größerer Erwärmung, dehnt sich das Material aus und im Winter zieht es sich zusammen. Durch Messungen liegen genaue Werte vor, so daß sich die Veränderungen berechnen lassen. Die Hersteller geben in ihren Produktbeschreibungen den Verarbeitern die Daten und geben die Ratschläge und Verarbeitungshinweise, um zu 100%igen Lösungen zu kommen. Alle Baustoffe reagieren mehr oder weniger auf klimatische Veränderungen. Das Problem ist bekannt, und man ist seit ewigen Zeiten damit fertig geworden. Bei Bauteilen übernehmen dauerelastische Kitte die Abdichtungsaufgaben und in diesem Falle eine ausgereifte Konstruktion. Es würde hier zu weit führen, für jedes Fabrikat und die einzelnen Längen und Breiten den erforderlichen Bewegungsspielraum anzugeben, da wie gesagt die Hersteller die entsprechenden Angaben machen und teilweise auch in ihren Prospekten und Verlegerichtlinien abdrucken.

Stegdreifachplatten
Neben den seit langer Zeit bewährten Stegdoppelplatten werden seit einiger Zeit auch Stegdreifachplatten für die Verglasung von Wintergärten und Gewächshäusern angeboten. Während man bei den Stegdoppelplatten mit einer Heizkostenersparnis bis zu 40% rechnen kann, erhöht sich dieser Wert bei den Dreifachplatten auf 60%. Die genannten Einsparungswerte beziehen sich auf eine Einfachverglasung. Um diesen Wert aber zu erreichen oder besser zu halten, muß auch im unmittelbaren Umfeld viel getan werden. Beispielsweise sollten die tragenden Profile eine Wärmedämmung erhalten. Dies ist auch machbar. Anschlüsse und Fugen müssen mehr als sorgfältig abgedichtet werden, denn was nützt die beste Flächendämmung, wenn der Wind durch die Fugen weht. Ohne Frischluft geht es aber den Pflanzen und den Menschen nicht besonders gut. Nebenbei bemerkt bringt schon eine kleine Anpflanzung einen Windschutz, der ebenfalls gute Wärmewerte garantiert. Diese Anpflanzung soll nur als Windschutz dienen und nicht die Sonne abhalten.

UV-durchlässiges Verglasungsmaterial
Dieses strahlendurchlässige Material ist gut für das Pflanzenwachstum aber auch gut für die Hautbräunung: der Wintergarten als Bräunungstudio. Neben der UV-Durchlässigkeit ist auch die UV-Beständigkeit des Materials zu erwähnen. Der Kunststoff nimmt also keinen Schaden. Die langwellige Infrarot-Strahlung wird dagegen nicht durchgelassen. Die Wärmeleitfähigkeit wird geringer, was zu einer stärkeren Aufwärmung und Nutzung des Raumes führt; obwohl die Aufwärmung auch nicht immer so willkommen ist.
Alle die hier aufgeführten Eindeckungsmaterialien werden mit einem Oberflächenschutz, der vor Kratzern schützen soll, angeliefert. Diese Folie wird erst kurz vor der Verarbeitung abgezogen. Die Bearbeitung, Schnitte und Bohrungen sollen nach Angaben des Herstellers und mit den entsprechenden Werkzeugen durchgeführt werden.
Die Reinigung erfolgt mit einem sauberen

Ein Wintergarten, der mit Stegdoppelplatten eingedeckt ist. Die Pflanzen werden sich noch bedeutend kräftiger entwickeln.

Schwamm, Spülmittel und Wasser. Bei stärkeren Verschmutzungen sind die im Haushalt üblichen Mittel zu verwenden. Auf keinen Fall die Flächen trocken abreiben oder ein Scheuermittel verwenden. Damit auch kein Schmutz in die offenen Kammern eindringt, sollten die Kopfenden mit selbstklebender Alu-Folie geschlossen werden. Die Abdeckung mit einem Metallprofil reicht nicht aus. Aber das steht auch in den Verarbeitungsrichtlinien. Man sollte nur im eigenen Interesse darauf achten, daß diese Arbeit auch ausgeführt wird.

Normalglas

Das sogenannte Normalglas gibt es zwar noch, es wird aber im Wintergartenbau kaum noch verwendet, da an seine Stelle vielfach Isoliergläser getreten sind. Für das Hobby-Gewächshaus wird es immer noch angeboten, da es preislich dem Anfänger doch sehr entgegenkommt. Für eine Abdeckung, sei es für eine Terrassenüberdachung oder einen Wintergarten, ist es schon wegen der Bruch- und Splittergefahr nicht einsetzbar.

Auf Isoliergläser im Wohnbereich oder im Bereich des Wintergartens oder des Gewächshauses kann man heute nicht mehr verzichten. Daß im Wohnbereich die entsprechenden Dämm-Vorschriften eingehalten werden, dafür sorgen die Bauvorschriften; in allen anderen Fällen sollte man selber durchrechnen, was auf Dauer gesehen kostengünstiger ist.

Einfache Gläser

Die sogenannte Standardverglasung wird von einigen Gewächshaus- und Wintergartenherstellern für die senkrechten Seitenwände immer noch angeboten. Für ein Gewächshaus sind ja auch kaum Einsprüche von Bauämtern zu erwarten. Da ist zunächst das sogenannte Blankglas mit einer Mindeststärke von 3 mm, selbstverständlich bekommt man auch stärkere Gläser. Das Blankglas ist von beiden Seiten glatt und durchsichtig.

Das genörpelte Klarglas ist etwas dicker und nicht durchsichtig, sondern nur durchscheinend. Durch die genörpelte Oberfläche des Glases, verlegt wird es mit der genörpelten Seite nach innen, wird das einfallende Sonnenlicht in verschiedene Richtungen abgestrahlt, so daß die diffuse Lichtstreuung die mögliche Gefahr von Verbrennungsschäden bei unseren Pflanzen fast ausschließt. Trotzdem muß im Bedarfsfall schattiert werden.

Drahtglas

Ein Drahtglas ist auf keinen Fall ein Material, welches nur für die Abdeckung von Industriehallen geeignet ist. Da es keine isolierenden Eigenschaften besitzt, eignet es sich besonders für die Überdachung von Terrassen, Garagenstellflächen, kurz gesagt von offenen Überdachungen. Das punktgeschweißte Drahtnetz sieht übrigens auch noch gut aus und gibt einem ein Gefühl der Sicherheit. Man unterscheidet zwischen einfachem Drahtglas und

Alles über Glas

dem Drahtornamentglas, oft eingesetzt für die Haustürverglasung, und letztlich dem Drahtspiegelglas.

Wegen der speziellen Eigenschaften des Drahtglases sollte die Stützweite von 80 cm zwischen den Sprossen oder Auflagen nicht überschritten werden. Bei den üblichen Ausführungen der Terrassenüberdachungen wird das auch kaum einmal vorkommen, in den meisten Fällen liegen die tragenden Hölzer dichter beieinander. Diese Maßeinschränkung zeigt aber wieder, daß man sich vor der Planung über die verschiedenen Materialien und ihre speziellen Eigenschaften informieren muß. Bei senkrechten Verglasungen können größere Abstände vorgesehen werden. Drahtgläser sind ca. 7 mm stark und auch entsprechend schwerer als das dünnere Blankglas.

Drahtglasscheiben können in geeigneten Rahmen auch als Trennwände eingesetzt werden. Die freie Durchsicht, beispielsweise von der Nachbarseite her, ist stark eingeschränkt. Die Helligkeit gegenüber anderen Trennwandmaterialien spricht dabei für das Draht- oder Drahtornamentglas. Bei gewaltsamen Beschädigungen oder Einbruchsversuchen wird die Bruchstelle oder die Öffnung, bedingt durch die Drahteinlage, immer noch provisorisch geschlossen bleiben. Auch die Gefahr von Verletzungen bei eventuellen Bruchschäden ist stark eingeschränkt – ausgeschlossen kann man nicht sagen, da man ja immer noch in herumliegende Glassplitter treten kann. Vor der Verarbeitung, falls man die Arbeiten nicht von Fachfirmen ausführen läßt, sollte man von den Herstellern entsprechende Merkblätter anfordern. Den Zuschnitt sollte man auf jeden Fall den Lieferanten überlassen.

Isoliergläser für den Wintergarten

Isoliergläser für den Einbau in Wintergärten werden von mehreren Herstellern angeboten. Diese Isoliergläser waren zunächst nur für den Einbau in die Seitenwände gedacht, da für die Dachverglasung Sicherheitsgläser erforderlich sind. Kombinationen von Sicherheits- und Isoliergläsern stellen eine ideale Lösung dar, weil die Forderungen nach Sicherheit und Wärmedämmung vollkommen erfüllt werden. Da an dieser Stelle nicht alle Erzeugnisse aller Hersteller mit ihren Besonderheiten aufgeführt werden können, sollen nur grundsätzliche Fragen zum Thema behandelt werden.

Isoliergläser bestehen aus 2, seit einiger Zeit

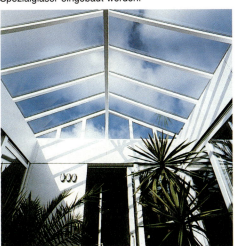

Hochgebaute Wintergartenanlage, anstelle einer Schattierung können zum Schutz vor der Sonne auch Spezialgläser eingebaut werden.

Große Glasflächen bestimmen hier das Bild des Wintergartens. Das Haus ist von innen und außen ein Blickfang.

Wintergarten

auch aus 3 Scheiben mit dazwischen liegenden Lufträumen. Der Abstand zwischen den Scheiben ist mitentscheidend für das Maß der Isolierung. Aus unterschiedlichen Gründen werden von den Herstellern trotzdem Scheiben mit verschiedenen Zwischenraummaßen angeboten. Sehr wichtig für den Einbau und die Ausführung der tragenden Konstruktion ist das Gewicht der Scheiben. Aus diesem Grund sollte man sich doch überlegen, ob der Einsatz der dritten Scheibe den erhofften zusätzlichen Wärmegewinn bringt und wie hoch der zusätzliche Kostenaufwand für das Glas und die Verstärkung der tragenden Konstruktion ist. Übrigens die Gefahr eventueller Beschädigungen wird größer bzw. wesentlich teurer, da ja anstelle von 2 Scheiben gleich 3 Scheiben zu ersetzen sind.

Sicher kann man von Laien nicht erwarten, daß alle Qualitätsmerkmale von Gläsern, besonders aber von Isoliergläsern bekannt sind. Auf einige Punkte sollte man aber schon achten, vor allen Dingen dann, wenn man einige Verglasungsarbeiten selber ausführen möchte. Ganz besonders wichtig ist, daß sich keine Feuchtigkeit zwischen den Scheiben befindet und auch nicht, durch kleinste Fehler bedingt, entstehen kann. In den Abstandhaltern oder Umrandungen von Isoliergläsern befinden sich Stoffe, welche die Feuchtigkeit aufnehmen, die durch die starken Temperaturunterschiede schon mal auftreten kann. Für die Verklebung der Scheiben mit den umlaufenden Abstandhaltern sollten die besten Kleber verwendet werden, die sich zudem auch noch durch eine hohe Alterungsbeständigkeit auszeichnen müssen. Man sollte sich schon aus diesen Gründen an bekannten Markennamen orientieren. Weiter soll man beim Einbau von Sicherheitsglas, Mehrscheiben-Isolierglas und Verbundglas sich immer an die Einbauvorschriften der Hersteller halten. Dies gilt auch für die Anwendungsvorschriften der Hersteller von Dichtstoffen; dies nur am Rande.

Verbund-Sicherheitsglas

Bisher war nur die Rede von Isoliergläsern, zu denen sicher noch nicht alles gesagt werden konnte, was in bestimmten Fällen noch wichtig werden könnte. Was die Verglasung angeht, so gibt es bei Verbundsicherheitsglas sinngemäß die gleichen Vorschriften und Empfehlungen. Bei größeren Flächenverglasungen sollte man aber nicht mehr selber Hand anlegen, sondern alles dem Fachmann überlassen.

Sonnenschutzscheiben

Abschließend zu erwähnen sind noch Mehrscheiben-Isoliergläser mit Sonnenschutzscheiben sowohl mit absorbierender als auch mit reflektierender Wirkung. Hier darf die innere Scheibe maximal nur 2 mm dünner als die Sonnenschutzscheibe sein. Drahtglas darf nicht als innere Scheibe hinter einer Sonnenschutzscheibe eingesetzt werden.

Man spricht oftmals etwas geringschätzig von einer einfachen Verglasung, aber ganz so einfach ist die Geschichte nicht, wenn es um Spezialgläser wie Isolier-, Sicherheits- und Sonnenschutzgläser geht.

Abschließend bleibt nur die Feststellung, daß es bei Kunststoffen und bei den Normalgläsern Vor- und Nachteile gibt. Es wurde versucht, sie hier darzustellen. Da ist einmal die freie ungehinderte Durchsicht, die für das Glas spricht und dann der Preis, der für eine Kunststoffverglasung spricht. Dies einmal ganz vereinfacht gesagt. Die Entscheidung bleibt wie immer dem Bauherrn überlassen.

Verglasungsvorschriften

Für alle Gläser und für alle damit zusammenhängenden Materialien gibt es Verarbeitungsvorschriften, die schon im eigenen Interesse eingehalten werden sollen, will man sich die gemachten Garantiezusagen erhalten. Auch wegen des großen Gewichtes der Scheiben sind verschiedene Bedingungen einzuhalten. Das fängt mit den Falzabmessungen an und geht weiter mit den Klotzungsrichtlinien. Das bedeutet beispielsweise auch, daß sich die Scheiben und der Rahmen an keiner Stelle berühren dürfen oder daß die Scheibe für die Rahmen keine tragende Funktion übernehmen darf. Die Rahmenkonstruktion des Wintergartens muß so kräftig ausgeführt werden, daß sie sich selbst, die Scheiben und die sonstigen, meist rechnerisch ermittelten Lasten, wie auch Schnee und Eis trägt. Die erwähnten Klötze sorgen für einen gleichmäßigen Abstand der Scheiben innerhalb der Rahmen. Man unterscheidet hier zwischen den Trage- und den Distanzklötzen. Auch für diese Arbeiten gibt es ausführliche Druckschriften.

Was die eigentliche Verglasung angeht, so darf zwischen den tragenden Rahmen, ganz gleich ob aus Holz, Metall, Aluminium oder aus Kunststoffen hergestellt, und dem Glas keine Feuchtigkeit eindringen. Die dadurch entstehenden Schäden entdeckt man manchmal erst nach Jahren und dann ist eine Ausbesserung schon nicht mehr möglich. Wenn die Umrandung erst einmal angegriffen ist, dringt Feuchtigkeit zwischen die Scheiben und die Folge sind beschlagende Scheiben. Die freie Durchsicht wird ganz erheblich beeinträchtigt. Bei allen Abdichtungsbemühungen darf man nicht vergessen, daß sich die Rahmenkonstruktionen und die Gläser immer etwas bewegen, bedingt hauptsächlich durch die Temperaturschwankungen. Leider sind die Bewegungen beider Werkstoffe sehr unterschiedlich. Winzig kleine Haarrisse sind der Beginn von später größer werdenden Reklamationen. Fachgerecht ausgeführte Verglasungen halten eine Ewigkeit.

Besondere Bedingungen bei Dachverglasungen

Durch den Einstrahlwinkel der Sonne und durch die besondere elastische Art der Unterkonstruktion treten am Dach höhere thermische und mechanische Beanspruchungen (Wärme innen, Kälte außen; im Sommer hohe Temperatureinwirkungen bis +70 °C) auf als bei der senkrecht durchgeführten Verglasung der Seitenteile.

Die äußere Scheibe einer geneigten Isolierverglasung kann aus einer Spiegelglasreflexions-Scheibe (jetzt: Sonnenschutzglas) bestehen. Sie muß allerdings die gesamte Belastung aus Wind, Schnee, Eis und das Eigengewicht aufnehmen oder verkraften. Zum Schutz vor herabfallenden Gegenständen, beispielsweise aus den Fenstern der oberen Etagen, kann auch ein Sicherheitsglas verwendet werden. Die Innenscheibe einer solchen Verglasung muß splitterbindend und verletzungssicher ausgeführt werden. Zu empfehlen ist ein Verbund-Sicherheitsglas. An die sogenannte Überkopf-Verglasung werden regional unterschiedliche Bedingungen gestellt. Die Hersteller bzw. Lieferanten kennen diese Bedingungen und beraten den Bauherrn. Die Verwendung von Drahtgläsern ist bei Einhaltung des schon erwähnten Sprossenabstandes möglich. Nur sollte man in diesem Fall auch an den Lichtverlust denken. Die Dicke der Innenscheibe richtet sich auch wieder nach der Durchbiegung, bedingt durch das Eigengewicht, die Schneelasten und die Lasten, die eventuell durch eine Zerstörung der oberen Scheibe anfallen. Bei größeren Stützweiten erhöht sich das Scheibengewicht ganz erheblich. Hier sollte man nicht unbedingt seine Gestaltungsideen durchsetzen wollen, sondern doch nach den Grundsätzen der Zweckmäßigkeit arbeiten. Für all diese Fragen kann man ein umfangreiches Informationsmaterial bekommen oder aber eine Beratung durch Spezialisten anfordern. Der Dachneigungswinkel sollte bei der Verwendung von Mehrscheiben-Isolierglas immer größer als 10° sein. Wie schon an anderer Stelle gesagt, beanspruchen stehende Wasser die Dichtstoffe doch in stärkerem Maße. Je steiler das Dach, desto schneller läuft das Wasser ab. Wasser, welches in die Falze eindringt, muß man ja nun einmal als stehendes Wasser bezeichnen.

Bedingt durch die unterschiedlich wachsende Bepflanzung kann es hinter bzw. unter den Scheiben zu einem Wärmestau kommen. Man denke nur daran, wie schnell gutgepflegte Pflanzen an die oberen Scheiben stoßen. Ein dadurch entstehender Wärmestau ist unbedingt zu vermeiden. Im Bereich der Isolierscheiben muß die Luft, schlicht und einfach gesagt, zirkulieren können.

Kostenvoranschlag, Preisangebot

Tips für den Bauherrn

Selbstverständlich muß man sich, wenn man in etwa weiß, was man möchte, auch einen Kostenvoranschlag oder ein Preisangebot machen lassen. Welche Bezeichnung man hier auch nehmen möchte, es kommt auf das Gleiche heraus. Wenn dann die ersten Zahlen auf dem Tisch liegen, wird man je nach seinen Erwartungen schon einige Abstriche machen oder einige Ergänzungen zusätzlich bestellen. Ohne nähere Angaben über die zu erwartenden Kosten ist eine vernünftige Planung kaum möglich und wenig sinnvoll. Die finanzielle Frage ist beim Hausbau oder beim Hauserwerb entscheidend und genau so wichtig beim Erwerb des Wintergartens. Wenn man in Verhandlungen mit verschiedenen Anbietern steht, sollte man darauf dringen, daß auch Einzelheiten erfaßt und bildlich wie preislich dargestellt werden. Nur so ist ein wirklichkeitsnaher und echter Preisvergleich möglich. Es kommen noch genug Unterschiede, die man als Laie überhaupt nicht oder nur schlecht beurteilen kann.

Man sollte wissen, was man will

Es gibt nichts schlimmeres als schwankende Bauherren. Deshalb ist die obige Bemerkung schon berechtigt. Die Anbieter sollten doch einige Angaben darüber bekommen, was überhaupt gewünscht und verlangt wird. Vor allen Dingen sollten alle Anbieter, aus den vorerwähnten Gründen, die gleichen Angaben bekommen. Zumindest sind doch alle Größenangaben erforderlich. Weitere Angaben über den Standort, die Dachneigung, wo Lüftungsflügel angebracht werden können und wo die Tür bzw. die Türen zum Garten angeordnet werden sollen, sind zunächst zweitrangig. Wenn später in dieser Hinsicht doch einmal etwas geändert wird, weil man zu neuen Er-

Hier zeigt sich, daß nach einigen Jahren die Gartenbepflanzung den Wintergarten fast zudeckt. Ein Fremdkörper ist er auf keinen Fall mehr.

Kostenvoranschlag, Preisangebot

kenntnissen gekommen ist, sind hier keine größeren Preisunterschiede zu erwarten. In den meisten Fällen wird vor der endgültigen Auftragsvergabe noch einmal eine genaue Preisaufstellung seitens des Lieferanten gemacht. So gibt es dann später auch keinen Ärger. Trotz halbwegs genauer Angaben wird es immer wieder zu teilweise erheblichen Preisunterschieden kommen, da nun einmal viele Hersteller mit vielen unterschiedlichen Materialien arbeiten. Ebenso gibt es unterschiedliche Raster- und Maßsysteme.

Zugeständnisse machen
Im Interesse eines günstigen Preises sollte man in dieser Hinsicht doch zu Zugeständnissen bereit sein, soweit nicht grundsätzliche Ausführungs- und Größenvorstellungen über den Haufen geworfen werden. Beispielsweise spielt es ja keine große Rolle, ob ein Wintergarten nun eine Giebelhöhe von 260 cm oder nur 255 cm hat. Das gleiche gilt für die Traufenhöhe oder die Größe der einzelnen Glasfelder. Anders sieht es dagegen bei der Eindekkung, ob Glas oder Kunststoff (einfach, mehrschichtig?), aus. Hier sollte man schon bei seinen Vorstellungen bleiben, wenn eben nicht aus preislichen Gründen neue Gesichtspunkte auftauchen. Die meisten Hersteller bieten aber schon gleich mehrere Materialvarianten an. Die Unterschiede sind nicht nur vom Preis her gesehen recht erheblich. Auch bei den Konstruktionen gibt es in dieser Hinsicht bedeutende Unterschiede.

Welche Materialien
Wenn man ein genaues Angebot wünscht, ist eine klare Entscheidung nötig. Sehr viele Betriebe haben sich nicht nur auf ein Material, sondern auf ganz bestimmte Profile, die von größeren Herstellern angeboten und entwikkelt wurden, spezialisiert. Das ist wie beim Fensterbau oder bei den Herstellern von Haustüren oder vorgehängten Fassaden. Auch hier kann man sagen, es lebe die Vielfalt und der Individualismus. Es ist doch schön, daß es dies heute noch gibt. Neben den Metall- und Kunststoffprofilen, die fast alle vom Fenster- und Fassadenbau herkommen, gibt es die große Gruppe der Profile, welche vom Gewächshausbau kommen und daher eine große und langjährige Erfahrung mitbringen. Fachfirmen bieten am ehesten diese Gewähr.
Es bleiben dann noch die Wintergärten aus Holz, bei denen das tragende Gerüst aus mehr oder weniger kräftigen Hölzern besteht. Durch die stärkeren Dimensionen der Holzbauteile ist der Lichtverlust größer als bei solchen aus Metall. Übrigens, ein Wintergarten in Verbindung mit einer entsprechenden Pergola ist sicher nicht die schlechteste Lösung.
Bei den heute gebräuchlichen Holzschutzmitteln hat eine Holzkonstruktion eine ebenso lange Lebensdauer wie vergleichbare Metall- oder Kunststoffkonstruktionen. Nebenbei sind auch hier Pflegemaßnahmen erforderlich.

Preisangaben für Einzelabschnitte
Ein Angebot für ein so großes Bauvorhaben, wie es der Wintergarten nun einmal ist, darf nicht nur aus einem Endpreis zuzüglich Mehrwertsteuer bestehen, sondern die einzelnen Wände, das Dach, die Türen und überhaupt die ganze Ausstattung muß in Einzelpositionen aufgeführt werden. Die Hersteller kennen natürlich ihre Erzeugnisse sehr genau und können durch die Angabe nur weniger Größenmaße und der Angabe der Glasart, praktisch per Knopfdruck sofort einen Preis nennen. Wer von den Kunden weiß aber, ob dieser Preis nicht doch überhöht ist, denn zu niedrig ist er auf keinen Fall angesetzt. Hier soll kein Mißtrauen gesät werden, aber es geht doch letztlich um das Geld der zukünftigen Bauherren. Je detaillierter das Angebot, desto besser kann man vor der Auftragsvergabe entscheiden, ob an der Stelle eines bestimmten Einzelteiles oder einer bestimmten Ausführung nicht etwas anderes gewählt wird. Übrigens, spätere Änderungen werden immer teurer, allerdings nicht nur wegen der Änderungskosten, was man ja verstehen könnte, sondern weil der Wettbewerb fehlt. Deshalb kann immer wieder nur geraten werden, sich vor der Auftragsvergabe alles gründlich zu überlegen und nichts dem Zufall zu überlassen.

Wintergarten

Das Angebot

Vorbemerkungen
Einige Vorbemerkungen zum nachfolgenden Angebot müssen noch gemacht werden. Es handelt sich hier, wie auch zeichnerisch dargestellt, um einen auf der ehemaligen Terrasse aufgebauten Wintergarten. In die Stirnwand ist eine zweiflügelige Türanlage eingebaut. Ein glatter, ebener Boden, auf dem das Gerüst gut befestigt werden kann, ist also vorhanden. Die Seitenflächen im unteren Bereich sind verkleidet und mit einer Wärmeisolierung ausgestattet. In beiden Seitenflächen befindet sich ein Lüftungsflügel. Das Regenwasser wird von der eingebauten Rinne über ein seitlich angebrachtes Fallrohr abgeleitet. Zur Auswahl werden verschiedene Gläser angeboten. Es handelt sich um einen Wintergarten bestehend aus einer Holzkonstruktion. Die gesamte Innenausstattung wird anderweitig beschafft.

Mit diesem Angebot in Verbindung mit den Zeichnungen kann man schon etwas anfangen. Dazu kommen dann noch die Geschäftsbedingungen und die Angaben in den Prospekten. Zu kritisieren gibt es natürlich immer noch etwas. Aber ein Angebot, welches noch mehr ins Detail geht, dadurch auch noch länger wird, bringt dem Laien nicht immer neue Erkenntnisse. Wenn Unklarheiten bestehen, kann man ja immer noch Fragen stellen und gegebenenfalls ein Zusatzangebot anfordern. Man denke auch daran, daß Nebenabreden später nicht anerkannt werden. Festzuhalten sind in jedem Fall auch noch die Liefer- und Montagetermine.

Ein Beispiel
Auf der Seite 91 finden Sie ein Beispiel für ein Angebot. Es könnte das passende Angebot zu dem oben beschriebenen und unten in der Zeichnung dargestellten Wintergarten sein.

Ansicht eines Wintergartens, der ganz aus Holz hergestellt wird. Der untere Bereich ist durch wärmegedämmte Platten geschlossen. Der Zugang besteht aus Drehtüren.

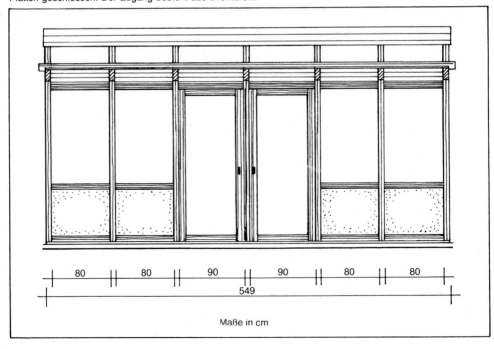

Kostenvoranschlag, Preisangebot

Kostenvoranschlag

Angebot über die Lieferung und Montage eines Wintergartens, bestehend aus einer Überdachung, mit vorderer und seitlicher Verkleidung. In die Frontseite wird eine Doppelschiebetüranlage eingebaut. Ansonsten wie auf den beigefügten Zeichnungen dargestellt.
Blenden der Abdeckung und die Sparren sowie alle Pfosten der Verbindungshölzer aus Fichtenholz der Güteklasse I.
Alle sonstigen Teile und die Verkleidungen ebenfalls aus Fichtenholz.
Einschließlich Einbau der Isolierung, Lieferung und Anbringung aller Beschläge.
Dazu passend eine Doppeltüranlage einschließlich aller Beschläge.
Alle Holzflächen sind mit einem Markenerzeugnis imprägniert.
Alle Einzelpreise einschließlich fachgerechtem Einbau mit Versiegelung.

Pos.	Stück	Artikel	Einzelbetrag DM	Gesamtbetrag DM
1		Verglasung Dach: Stegdoppelplatten alternativ dazu: Spundwandprofilplatten Verbundsicherheitsglas mit Beschichtung Mehrscheibenisolierglas	....	....
2		Verglasung der Seitenflächen und der Schiebetüren: Isolierglas alternativ dazu: Blankglas Klarglas Sonnenschutzglas	....	
3	1	Überdachung: Maße ca. 5,50×4,20 m einschließlich einer umlaufenden Blende, Entwässerungsrinne und Fallrohr. Die Verglasung wurde separat ausgeworfen. Zur Überdachung gehört die durchlaufende Lüftungsklappe, einschließlich aller Beschläge und Abdichtungsmaßnahmen.	....	....
4	2	Seitenteile: Maße ca. 2,50×2,40 m. Die unteren Felder sind mit Holz und Isoliermaterial zu schließen. Im höchsten Bereich je 1 Lüftungsflügel einschließlich Beschlag. Maße ca. 1,00×0,30 m.	....	
5	2	Feststehende Seitenteile der Vorderfront: Maße ca. 1,80×2,30 m. Verglasung und Ausführung wie vorne beschrieben.		
6	2	In die Front eingearbeitete Schiebetürflügel: Maße ca. 0,90×2,10 m einschließlich aller Nebenarbeiten und Beschläge sowie der Verglasung. Endpreis Montage der gesamten Anlage MwSt. Summe Zusätzliche vom Bauherrn gewünschte und in diesem Zusammenhang erforderliche Arbeiten werden nach den anfallenden Stunden abgerechnet. Der Stundenlohn ist den Lieferungsbedingungen zu entnehmen.		....

Ort, Datum, Unterschrift des Unternehmers

Wintergarten

Baubeschreibung – ein Beispiel

Anbau eines Wintergartens an ein vorhandenes Wohnhaus

Der in den Zeichnungen dargestellte Wintergarten hat ein verglastes Pultdach mit einer Dachneigung von 10 Grad. Die Konstruktion besteht aus Holz (Metallprofilen) nach den statischen Erfordernissen. Die Wandaussteifung in Längs- und Querrichtung sowie im Dachbereich besteht aus Stahllochbändern (Metallriegeln). Der Anschluß an das vorhandene Gebäude besteht aus einem Randbalken, der mit Ankern an der Wand befestigt ist. (Bei der Metallkonstruktion erfolgt der Anschluß

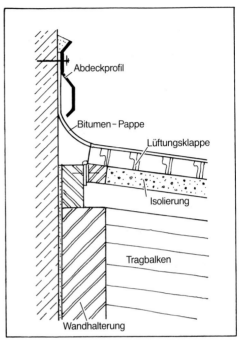

Rechts: Detailpunkt des Dachanschlusses. Die hier vorgesehene Dachentlüftung ist fast nicht zu sehen. Das Metall-Abdeckprofil ist im Handel erhältlich.

Unten: Seitenansicht eines Wintergartens. Die Dachrinne ist in die Dachfläche eingearbeitet. Zur Raumentlüftung ist am höchsten Punkt ein Lüftungsflügel vorgesehen.

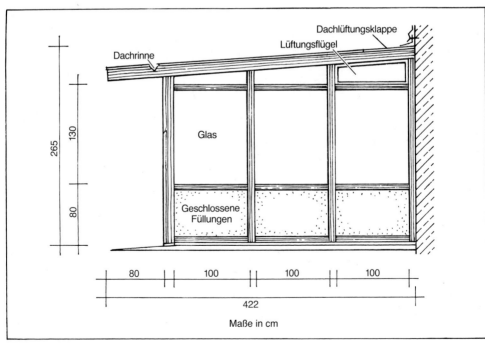

Kostenvoranschlag, Preisangebot

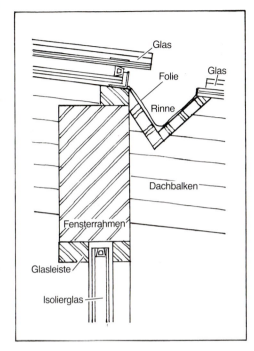

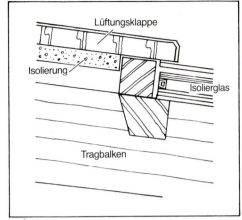

Oben: Der untere Detailpunkt der Lüftungsklappe. Die Klappe liegt noch über dem Glas: Auch bei starkem Wind kann kein Wasser in die Fuge gedrückt werden.

Links: Detailpunkt zur Bauweise der Dachrinne. Die Rinne tritt nicht in Erscheinung: Sie liegt innerhalb der Glasfläche. Zu beachten ist der Glasüberstand.

Unten: Wintergarten mit seitlichem Eingang.

Wintergarten

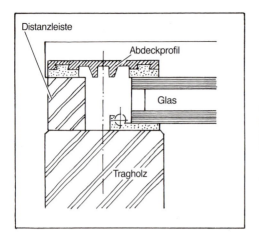

Kombination von Überdachung und Wintergarten.

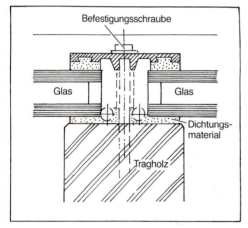

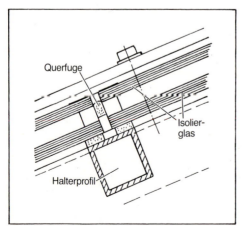

durch spezielle Tragprofile). Das Dach ist mit einem Isolierglas eingedeckt, wobei die untere Scheibe aus einem Sicherheitsglas besteht. Alternativ ist eine Verglasung aus Stegdoppelplatten geplant. In allen Seitenwänden wird ein Isolierglas bzw. ebenfalls Stegdoppelplatten verwendet. Auch die Türen erhalten eine Isolierverglasung. Die unteren Felder der Seiten- und der Frontwand werden mit Isolierplatten geschlossen.
Der Fußboden ist voll isoliert und mit keramischen Platten belegt. Im Boden ist eine Bodenheizung eingebaut. Die komplette Energieversorgung erfolgt durch eine Erweiterung der bestehenden Anlage. Der Rohboden besteht aus einer armierten Betonplatte mit einem umlaufendem, frostfrei gegründetem Streifenfundament. Der Zugang von der Wohnung erfolgt durch eine Vergrößerung der Fenster-Türöffnung. Ein statischer Nachweiß ist nicht erforderlich.
Die überbaute Fläche beträgt 18,5 m^2.
Der umbaute Raum beträgt 39,6 m^3.
Datum Unterschriften

Oben: Detailpunkt eines äußeren Tragholzes. Das aufgeschraubte, schlichte Profil hält die Scheibe.

Mitte: Durch den Druck des aufgeschraubten Profils und die Dichtungen ist die Verbindung absolut dicht.

Unten: Eine Querfuge innerhalb der Dachverglasung.

Aufbau

Die Auftragsvergabe

Nachdem alle Punkte des Wintergartens beleuchtet worden sind, soll nun auch der Aufbau beschrieben werden. Wenn eine Hersteller- oder Lieferfirma auch die Montage übernimmt, braucht man sich um diesen Arbeitskomplex nicht zu kümmern. Es schadet aber nichts, wenn man gewisse Kenntnisse besitzt. Bei Metallkonstruktionen wird es ganz sicher so sein, daß die Montage und in den meisten Fällen auch die Verglasung von einem Anbieter erledigt wird. Zumindest übernimmt der Anbieter alle Garantien gegenüber dem Besteller. Wie sich der Metallbauer und der Glaser dann miteinander verständigen, sollte den Bauherrn nicht stören. Wird ein Wintergarten aus Holz bestellt, ist ebenfalls eine Schlüsselfertige Übergabe möglich, man kann aber auch alle Aufträge, für den Haushersteller, den Glaser, den Elektriker und alle anderen Handwerker, separat vergeben. Es ist ja auch denkbar, daß man selbst das Grundgestell baut, die Montage und Einrichtung übernimmt und die Verglasung und die technische Einrichtung den Fachfirmen überträgt. Aus diesem Grund wird der Aufbau von den ersten Arbeiten an geschildert.

Das Fundament

Wird der Wintergarten auf einer festen und tragfähigen Terrasse errichtet, gibt es bezüglich der Fundamente sicher keine Probleme, denn das Bauwerk wird auf dieser festen Platte verankert und angeschraubt. Ansonsten müssen Punkt-, Streifen- oder Ringfundamente oder eine Betonplatte geschaffen werden. Die Stellen, wo die einzelnen Anker vorgesehen sind, liegen fest und sind auf einem Montageplan eingezeichnet. In den vorgesehenen Bereichen sollen ausreichend große Vertiefungen gemacht werden, in die später die Ankereisen einbetoniert werden. Anstelle der Anker können auch Anschraubwinkel verwendet werden, die einfach auf die Platte oder an das Fundament geschraubt werden. Vorher sind selbstverständlich die Dübel einzusetzen.
Auch die Versorgungsleitungen für den Strom und für die Zu- und Ableitung des Wassers

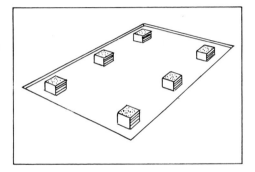

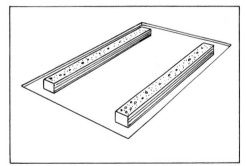

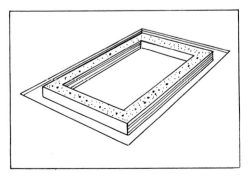

Oben: Punktfundamente machen relativ viel Arbeit, da jedes Einzelfundament eingeschalt werden muß.

Mitte: Ein Streifenfundament erfüllt die gleichen Aufgaben und läßt sich leichter herstellen.

Unten: Ein Ringfundament ist praktisch die Weiterentwicklung des Streifenfundaments.

Wintergarten

können vorher verlegt werden. Für all diese Arbeiten ist eine genaue Vorplanung erforderlich. Es kommt schon darauf an, wo das Elektrokabel bzw. das Rohr aus der Bodenplatte herauskommt. Ebenso entscheidend kommt es auf den Punkt an, von dem aus später das Wasser abgeführt wird. Auch für eine Vertiefung, in die der Regenwassertank eingelassen wird, kann jetzt gesorgt werden. Wegen der hohen Montagekosten sollte man diese sogenannten Vorarbeiten, die auch von den Lieferfirmen nicht gerne gemacht werden, selber ausführen.

Links oben: Streifenfundament mit einbetonierten Ankern. Die Schrägstreben verhindern das Auseinanderbrechen der Schalung.

Links unten: Fundamentgraben mit Beton gefüllt. Obere Abgrenzung durch waagerecht ausgelegte Bretter.

Rechts oben: Streifen- oder Ringfundament. An die seitlichen Halterungen angenagelte Querhölzer halten die Schalung in Form.

Rechts unten: Größeres Punktfundament (verschwindet nicht im Erdreich) mit großem Schalungsaufwand. In der Mitte ein Styroporklotz, der später für ein Ankereisen Platz macht.

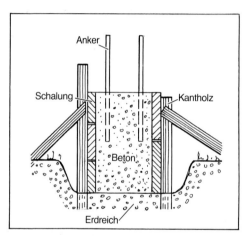

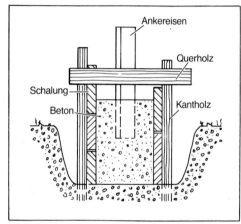

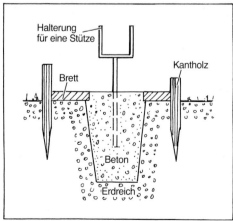

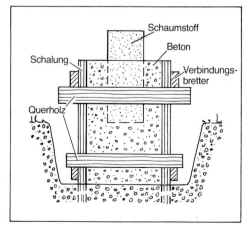

Aufbau

Montage

Man kann davon ausgehen, daß das tragende Gerüst weitgehend vorgefertigt ist. Ganz gleich, ob es ein Haus aus Holz, aus Metall- oder Kunststoffprofilen ist. Auch selbstgefertigte Elemente sollten nach einem festen Plan soweit wie eben möglich vormontiert sein. Das erleichtert und beschleunigt die Montage. Wie weit man nun alles vorbereiten kann, hängt von der gewählten Konstruktion und den örtlichen Verhältnissen ab. Hat man Gehilfen, können ganze Front- oder Seitenwände so zusammengebaut werden, daß sie nur aufgestellt, miteinander verschraubt sowie am Boden und an der Hauswand befestigt werden müssen. Das Ganze ist eben auch eine Gewichtsfrage, schließlich wollen die Wände bewegt werden.

Dieser serienmäßig hergestellte Wintergarten wurde vor dem Hausausgang auf der Terrasse aufgestellt. Die Frontelemente sind als Schiebetüren ausgebildet. Eine Markise kann hier als Sonnenschutz dienen.

Nachdem also die Umrandung steht, fest verankert und verschraubt ist, werden die Dachbalken aufgelegt und mit den übrigen Teilen verbunden. Damit ist der Rohbau erst einmal abgeschlossen.

Der weitere Ausbau

Auch die Türen und die eventuell vorgesehenen Lüftungsflügel sind schon fertig und können vorher oder auch erst jetzt angeschlagen werden. Schiebetüren werden am besten an der stehenden Wand am Rahmenwerk befestigt, während Drehtüren vorher auf dem liegenden Rahmen angeschlagen werden. Ist im oberen Bereich des Daches eine Lüftungsklappe vorgesehen, wird diese zuerst angebracht und anschließend der eigentliche Dachanschluß ausgeführt. Damit später hier keine Feuchtigkeitsschäden entstehen, muß der Wandanschluß sehr sorgfältig und gewissenhaft ausgeführt werden. Das Regenwasser,

Wintergarten

welches an der Hauswand herunterläuft, muß sicher auf das Glasdach geleitet werden. Im Zuge der Abdichtungsarbeiten werden auch die beiden senkrechten Fugen der Seitenwände abgedichtet. Dies bereitet heute ja keine Schwierigkeiten mehr.

Als nächster Punkt steht die Dachrinne auf dem Programm. Ob sie am unteren Ende des Daches angebracht wird oder an einer anderen Stelle, spielt keine Rolle. Auch das Material, aus dem sie hergestellt wird oder aus dem sie besteht, ist nebensächlich. Wichtig ist nur, daß das zu erwartende Wasser und im Winter der Schnee, gut eingeleitet wird und auf schnellstem Wege verschwindet. Ob das Wasser gesammelt wird oder in die Kanalisation geleitet wird, ist planerisch sicher schon festgehalten. Damit sind erst einmal die wichtigsten Montagearbeiten erledigt.

Imprägnierung oder Anstrich

Ein Holzgerüst wird zunächst imprägniert bzw. mit einem Holzschutz behandelt. In der Regel soll der Holzcharakter erhalten bleiben, deshalb werden auch Mittel verwendet, die sicherstellen, daß die Maserung, also die natürliche Schönheit des Holzes nicht überdeckt wird.

Wenn dies gewünscht wird, sollte das Holz vorher aber noch von allen Verarbeitungsspuren gereinigt werden. Bleistiftstriche und Druckstellen sind beizuschleifen, Holzsplitter sind festzuleimen und Nagellöcher mit einem Holzkitt auszukitten, nachdem vorher die Nägelköpfe etwas versenkt wurden. Schrauben, selbstverständlich werden Messing- oder nichtrostende Schrauben verwendet, brauchen nicht versenkt zu werden. Die Schraubenschlitze sollen in Richtung der Maserung zeigen. Scharfe Kanten sind zu brechen oder leicht abzurunden.

Erst jetzt kann die Oberflächenbehandlung vorgenommen werden. Diese Vorarbeiten sollen auch bei einem deckenden Anstrich durchgeführt werden. Um eine geschlossene und deckende Oberfläche zu erhalten, sind mehrere Arbeitsgänge erforderlich. Liegt das Eindeckungsmaterial in Sprossen, wird der letzte Anstrich nach der Verglasung vorgenommen. Bei Metallrahmen wird der Grundanstrich sicher schon vorhanden sein, so daß nur noch der gewünschte Farbanstrich zu erledigen ist. Vor diesem Anstrich ist aber zu prüfen, ob nicht Tropfnasen oder sonstige Unebenheiten vorhanden sind, die zuvor beseitigt werden müssen. Aluminium oder eloxierte oder bronzierte Rahmen sowie Kunststoffrahmen bzw. -Profile benötigen keine Oberflächenbehandlung.

Verglasung

Zum Thema Glas und wo welches Glas am besten eingesetzt wird, ist schon genug gesagt worden. Da die Gläser auf Maß gefertigt werden, sollte dem Glaser recht früh die Möglichkeit geboten werden, die erforderlichen Maße zu nehmen. Das Glas nur nach der Zeichnung zu bestellen, ist immer mit einem gewissen Risiko verbunden. Aus irgendwelchen Gründen will man noch etwas ändern oder verbessern und kann es nun nicht, da die Gläser schon in Auftrag gegeben sind. Aus diesen Bemerkungen erkennt man, daß die Verglasung vom Fachmann durchgeführt werden soll. Das sind Spezialisten, die mit den Gläsern viel besser umgehen können als ein Laie. Ganz anders sieht es bei den Kunststoffmaterialien aus. Wenn man sich, wie bei allen Werkstoffen, an die Verarbeitungsrichtlinien hält, steht der Selbstverarbeitung nichts im Wege. Die Eigenarten der Kunststoffe sind ebenfalls schon beschrieben worden.

Technischer Innenausbau

Zum Innenausbau gehört im Grunde auch der Durchbruch der Türöffnung vom Wohnraum zum Wintergarten. Dazu kommt dann der Einbau der neuen Tür und die ganzen Beiarbeiten an den Wänden und im Bodenbereich. Die Schaffung der Öffnung ist mit viel Staub und Schmutz verbunden. Man darf auch nicht vergessen, daß es sich hier um eine tragende Außenwand handelt. Es ist zu überlegen, ob diese Arbeiten wegen der Schmutzentwicklung nicht vor der Verglasung durchzuführen sind. Es spricht schon etwas dafür. Anderer-

Aufbau

seits ist der Wintergarten inzwischen ein geschlossener Raum. Bis die neue Türanlage eingebaut ist, braucht man keinen provisorischen Abschluß zu schaffen. Diese Entscheidung kann tatsächlich nur vor Ort getroffen werden. Wenn weitere Maurerarbeiten anfallen, können auch die Aufmauerungen der Pflanzenbehälter erledigt werden. Desweiteren könnten die Elektriker und Wasserinstallateure ans Werk gehen und ihre Leitungen verlegen und die Anschlüsse herstellen. Alles Tätigkeiten, die gegebenenfalls auch mit Stemmarbeiten, d. h. mit Schmutz, verbunden sind. So wird es auch in der Wohnung nicht ohne Verunreinigungen abgehen, denn die vorhandenen Leitungen müssen ja angezapft, verlängert oder sogar ersetzt werden. Eventuell wird bei dieser Gelegenheit ein schon längst fälliger Umbau vorgenommen.

Nachdem diese Grobarbeiten erledigt sind, sollte der Estrich in den Anbauteil eingebracht werden. Es ist sicher besser einen isolierten Untergrund herzustellen, auf dem dann der Teppich ausgelegt wird, oder die keramischen Platten aufgeklebt werden. Diese Verlegeart nennt man »Dünnbettverfahren«. Senkrechte Wandverkleidungen aus dem gleichen Material werden gleich miterledigt. Der Raum steht während dieser Arbeiten keinem anderen Handwerker zur Verfügung. Nach dem Ausfugen und der Freigabe kann auch die Feininstallation ausgeführt werden. Man denke an die vielen elektrischen Geräte, die Beleuchtungskörper und die ganze automatische Steuerung. Inzwischen können andere Restarbeiten wie der Anstrich und kleinere Tischlerarbeiten erledigt werden.

Gestalterische Fertigstellung

Man kann auch Abschluß- oder Einrichtungsarbeiten sagen. Zunächst werden noch die festen Behälter mit geeigneten Erdmischungen gefüllt. Auch ein eventuell vorhandener Teich kann schon mit Sand und anschließend mit Wasser gefüllt werden. Sicher wird auch sofort ein Probelauf der Springbrunnenanlage oder des Wasserfalls stattfinden. Die Schattierungsanlagen und die Vorhänge sind jetzt anzubringen, weil man im Augenblick noch, ohne auf die Pflanzen Rücksicht nehmen zu müssen, arbeiten kann. Die Beleuchtungskörper sollten ebenfalls jetzt an ihrem Platz sein. Will man noch eine künstlerische Arbeit, beispielsweise eine Plastik aufstellen, so ist der richtige Zeitpunkt dafür gekommen. Es ist halt die Frage, ob die Plastik in diesem Teil des Raumes den Mittelpunkt darstellt, um die sich dann die Pflanzen gruppieren, oder ob der umgekehrte Fall richtig ist. Nachdem alle Arbeiten erledigt sind, bleibt als Höhepunkt aller Bemühungen nur noch die Bepflanzung übrig. Jetzt wird sich auch noch ein kleiner fahrbarer Untersatz bezahlt machen, mit dem die großen Kübel und Container besser bewegt und dirigiert werden können. Während die freistehenden Pflanzen so noch leicht verschoben werden können, bis der richtige Platz gefunden ist, wird es bei den großen Pflanzenwannen in dieser Hinsicht etwas schwieriger aussehen. Hier sollte man die Pflanzen erst einmal einstellen, festsetzen und die Wirkung überprüfen, ehe dann die Erde aufgefüllt wird. Die textilen Bodenbeläge sind abzudecken. Einzelteppiche werden erst nach einigen Tagen, wenn der erste Sturm vorüber ist, ausgelegt.

Anfertigung von Einzelteilen

Bottich-Verkleidung

Wenn alle Maurer wüßten, wofür ihre Mörtel-Behälter oder Speiß-Fässer gebraucht werden können, sie würden sich schon wundern. Seitdem diese Behälter ebenfalls nicht mehr aus Metall hergestellt, sondern in Kunststoffmaterial angeboten werden, haben auch die Gärtner und die Heimgärtner sie für ihre Bedürfnisse entdeckt. Sie eignen sich vorzüglich auch für größere Kübelpflanzen, wie man sie in der Wohnung oder im Wintergarten halten kann. Diese Behälter sehen gut aus, und haben vor allen Dingen ein geringes Eigengewicht. Kunststoff- oder Plastikeimer werden ja ebenfalls schon seit längerer Zeit als sogenannte Pflanzencontainer angeboten. Eines Tages werden diese Behälter sicher auch noch in anderen, ansprechenden Farben hergestellt.
Wem diese schlichten einfachen Behälter trotzdem nicht gefallen oder wer daraus sogar ein Zimmermöbel machen möchte, dem kann mit der nachstehenden Baubeschreibung geholfen werden. Als nicht zu unterschätzender Nebeneffekt ist die Verkleidung auch noch fahrbar gemacht worden. Da die Erdmenge in Verbindung mit der Pflanze doch einiges Gewicht auf die Waage bringt, wird man diese Tatsache sicher begrüßen.

Herstellung
Das ganze Material, vor allem aber die Platten, läßt man sich an Hand der Material-Liste vom Händler genau zuschneiden. Nur die Leisten des Deckels und die unteren Verstärkungsleisten kauft man in ganzen Längen, da der Zuschnitt dann doch zu aufwendig und damit zu teuer würde. Einen so kleinen Schnitt wird man sicher auch noch selber hinbekommen. Zunächst werden die Verstärkungsleisten an die kurzen Seiten geleimt und genagelt. Anschließend werden dann die Seiten an den Boden geleimt, genagelt oder geschraubt. Die beiden längeren Seiten werden jetzt ebenfalls am Boden und den Seiten befestigt. Es fehlen nun nur noch die beiden restlichen Verstärkungsleisten, nach deren Anbringung die Kiste, mehr ist es ja eigentlich nicht, schon fertig ist. Die beiden Halbdeckel, falls sie überhaupt gewünscht werden, sind auf ähnliche Weise herzustellen. Was die Größe des Ausschnittes betrifft, hier wurden 40 cm angenommen. An dieses Maß ist man nicht gebunden, sondern man richtet sich nach den örtlichen Erfordernissen.
Alle Kanten werden sauber beigearbeitet und das ganze Möbel von allen Bearbeitungsspuren gereinigt und geschliffen. Die Schrauben- und Nagellöcher werden ausgekittet und eben-

Mitte: Erst die Draufsicht auf den Deckel zeigt, wie die Kübelumrandung aussieht. Der Deckel besteht aus zwei Teilen und kann leicht abgenommen werden. Darunter ist der Deckel für einen quadratischen Behälter abgebildet.

Rechts: Der voll bepflanzte sechseckige Pflanzenbehälter. Die zweiteilige obere Umrandung kann leicht abgenommen werden. Der Behälter ist fahrbar.

Seitenansicht und Schnitt durch einen fahrbaren Pflanzenbehälter. Der eigentliche Behälter steht in der Holzumrandung.

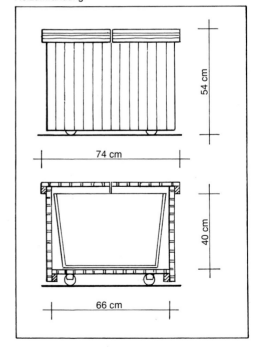

Anfertigung von Einzelteilen

Material-Liste: Bottich-Verkleidung

Nr.	Bezeichnung	Material	Abmessungen in mm	Anzahl
1	Seiten	20 mm Spanplatte	700 × 500	2
2	Seiten	20 mm Spanplatte	660 × 500	2
3	Boden	20 mm Spanplatte	660 × 660	1
4	Deckel	20 mm Spanplatte	740 × 370	2
5	Leisten	20 mm Fichte	370 × 40	4
6	Leisten	20 mm Fichte	700 × 40	2
7	Verstärkung	20 mm Fichte	660 × 40	2
8	Verstärkung	20 mm Fichte	620 × 40	2
Alternativ Modell				
1	Seiten	22 mm Spanplatte	400 × 500	6
2	Boden	22 mm Spanplatte	800 × 720	1
3	Deckel	20 mm Spanplatte	800 × 450	2
4	Leisten	20 mm Fichte	450 × 40	6
5	Verstärkung	20 mm Fichte	400 × 40	6

Weiter werden benötigt: Leim, Nägel oder Schrauben 40 bis 45 mm lang. 6 Sperrholzfedern 22 mm breit und 500 mm lang. 4 kräftige Kugelrollen mit Schrauben. 1 Mörtelbottich nach dessen Maßen die Umrandung gebaut wird. Die Leisten kauft man am besten am Stück und schneidet sie passend zurecht. Material für die Oberflächenbehandlung: entweder deckende Farben oder ein klarer Lack.

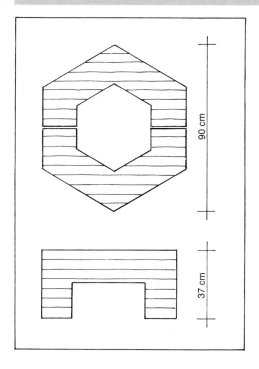
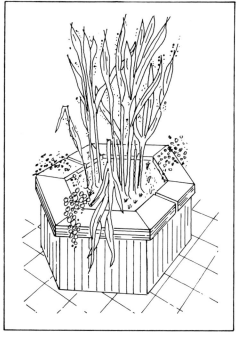

Wintergarten

falls beigeschliffen. Anschließend wird die Oberflächenbehandlung ausgeführt. Hier bieten sich deckende Farbanstriche oder klare Lacke an. Eventuell überlegt man auch, ob die Oberfläche nicht den vorhandenen Möbeln angepaßt wird. Auch die Innenflächen sind mit einem Lack zu behandeln. Zum Abschluß werden die 4 Räder unter den Boden geschraubt. Entsprechend dem zu erwartenden Gewicht sollen kräftige Räder ausgesucht werden. Durch die heruntergezogenen Seiten sieht man sie ja kaum.

Sechseckiges Alternativ-Modell
Wem die einfache viereckige Behälterverkleidung nicht gefällt, kann einen Schritt weitergehen und eine etwas aufwendigere Umrandung bauen. Die Herstellung sieht im ersten Augenblick auch gar nicht so schwierig aus. Der Punkt, auf den es hier ankommt, liegt im Detailbereich der Verbindungen aller sechs Seitenteile. Während man den erforderlichen Schrägschnitt noch auf der Tischkreissäge – mit verstellbarem Tisch – ausführen kann, sieht es mit dem Einschnitt für die einzuleimende Feder schon etwas schwieriger aus. Wichtig ist ja hier, daß die Schnitte und Nuten sehr genau auszuführen sind, wenn man eine haltbare und ordentlich aussehende Verbindung haben möchte. Am besten läßt man diese Arbeit vom Tischler ausführen, der sicher auch die richtigen Maschinen hat. Es kommt hier nur die Ausführung mit der eingeleimten Feder in Frage. Alle anderen Möglichkeiten sind abzulehnen es, sei denn, man legt keinen Wert auf eine fachmännisch einwandfreie Verbindung und nagelt alles zusammen.
Die weiteren Arbeiten können dann wieder selbst ausgeführt werden. Was den Arbeitsablauf angeht, so werden erst die Seiten verleimt, wobei der Boden mit den Verstärkungsleisten gleich mit eingeleimt und genagelt wird. Alle anderen Arbeiten werden wie zuvor beschrieben ausgeführt.

Bepflanzt könnte der selbstgebaute Behälter so aussehen. Selbstverständlich muß der Behälter mit Folie ausgekleidet werden.

Steckblumenkasten

Dieser Pflanzenbehälter wird ohne Schrauben und Nägel zusammengebaut und kann nach Wunsch durch zusätzliche Brettelemente aufgestockt werden. Ebenso ist eine niedrigere Ausführung kein Problem über das viele Worte zu verlieren wären. Nach der gleichen Methode können auch noch andere Modelle mit anderen Maßen gefertigt werden. Bei Längen über 100 cm sollten aber Zwischenstreben vorgesehen werden, da sich die Einzelbretter auseinanderbiegen können. Spanndrähte, welche den Erddruck ausgleichen können, sind auch schon nachträglich angebracht worden. Man muß dann nur bei der Bepflanzung etwas aufpassen. Was das Material angeht, so kann hier vom sägeschnittrauhem- bis zum gehobelten Brett alles verwendet werden.

Herstellung
Auch hier wird wieder das schon fertig zugeschnittene Holz sortiert und die Innenseiten entsprechend gekennzeichnet. Während die Flächen im rauhen Zustand bleiben, sollten die Brettseiten doch geglättet werden. Alle scharfen Ecken und Kanten werden leicht abgerundet oder gebrochen. Eine Behandlung mit grobem Schleifpapier reicht oft schon aus. Nach dieser Vorbehandlung werden die Einkerbungen angezeichnet. Da zwischen den

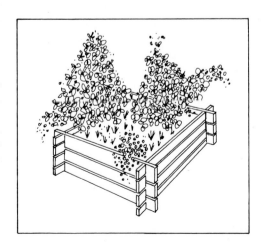

Anfertigung von Einzelteilen

Material-Liste: Steckblumenkasten

Nr.	Bezeichnung	Material	Abmessungen in mm	Anzahl
1	Seitenbretter	20 mm Fichte	700 × 100	8
2	Seitenbretter	20 mm Fichte	700 × 40	2
3	Seitenbretter	20 mm Fichte	600 × 100	8
4	Seitenbretter	20 mm Fichte	600 × 40	2
5	Sockelleisten	20 mm Fichte	550 × 40	2
6	Bodenplatte	16 mm Spanplatte	550 × 450	1

Weiter werden benötigt: Etwas Leim und einige Nägel oder Schrauben, um die Sockelleisten anzubringen. Anstelle der Bodenplatte aus Spanplattenmaterial können auch 20 mm starke Fichtenholzbretter mit entsprechenden Abmessungen verwendet werden. Weiter werden noch ein klarer Lack sowie die Folie für die Auskleidung benötigt.

Rechts unten: Die einzelnen, schon eingekerbten Bretter werden zusammengesteckt.

Rechts ganz unten: Das Sockelbrett wird an den breiten Brettern befestigt. Der Boden liegt auf diesem Sockelbrett auf.

Unten: Ansicht und Draufsicht eines Steckblumenkastens mit einigen Maßangaben.

Brettern immer ein Zwischenraum von 2 cm vorgesehen ist, werden die Einkerbungen auch nur 2 cm tief ausgeschnitten. Da 2 Bretter je 2 cm tief ausgeschnitten werden, entsteht das Maß von 4 cm. 4 cm + 4 cm + 2 cm ergibt ein Maß von 10 cm. Aus diesem Grund ist auch für jede Behälterseite ein End- oder Anfangsbrett

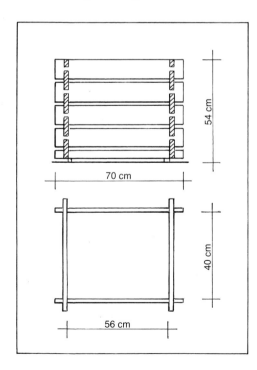

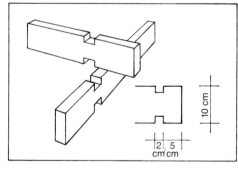

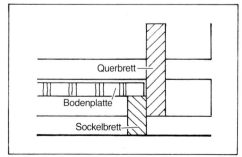

Wintergarten

mit einer Breite von 4 cm erforderlich. Der Behälter steht nicht auf dem Boden auf, sondern ruht auf zwei Sockelbrettern, die an der Innenseite der Bretter angeleimt und angeschraubt werden. Auf diesen Sockelleisten liegt dann auch der Boden.

Die Einkerbungen werden sehr sorgfältig ausgeschnitten. Die Breite richtet sich dabei nicht nach dem festgelegtem Maß, sondern nach der tatsächlichen Holzstärke. Alle Teile sollen, wie bei anderen Verbindungen auch, stramm und schließend zusammenpassen. Bei den vielen auszuführenden Schnitten sollte man zwischendurch immer einmal probieren, ob die beiden Schnitte noch diesen Maßen entsprechen. Mit einem scharfen Stecheisen wird der verbleibende Zwischenraum weggestemmt. Auch hier sollte man das Maß von 2 cm genau einhalten. Das war es eigentlich schon.

Eventuell noch sichtbare Bleistiftstriche oder Bearbeitungsspuren werden weggeschliffen. Nach der Oberflächenbehandlung wird der Kasten zusammengesteckt und kann dann eingerichtet werden. Eine entsprechend zurecht geschnittene Folie wird mit Heftzwecken an den Innenseiten befestigt, ehe dann die Erde eingefüllt wird. Die Erde sollte in jedem Jahr ausgetauscht werden damit es auch kräftig blüht und man sich an den Pflanzen erfreuen kann.

Kleiner Pflanzenbehälter

Man kann in diesen kleinen Pflanzenbehälter einmal die Pflanzen unmittelbar einpflanzen, man kann aber auch einen Plastikbehälter hineinstellen, der dann durch die Holzumrandung verdeckt wird. Das Besondere an diesem Werkstück sieht man erst auf den zweiten Blick, denn hier ist keine Schraube und kein Nagel zu sehen, der die Einzelteile zusammen hält. Bei diesem Möbel soll eigentlich das Material wirken, deshalb sollte auch ein ausgesuchtes Holz ohne störende Äste und sonstige

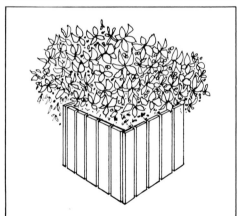

So könnte der fertige Behälter einmal aussehen. Das Holz sollte mit einem klaren Lack behandelt werden.

Material-Liste: Kleiner Pflanzenbehälter

Nr.	Bezeichnung	Material	Abmessungen in mm	Anzahl
1	Bretter	20 mm Fichte	500 × 110	10
2	Bretter	20 mm Fichte	500 × 100	10
3	Riegel	20 mm Fichte	560 × 70	4
4	Riegel	20 mm Fichte	520 × 70	4
5	Bodenplatte	20 mm Spanplatte	560 × 560	1

Weiter werden benötigt: 8 Anschraubwinkel, Schenkellänge 60 mm mit den nötigen Schrauben. Ca. 90 Flachkopfschrauben, ca. 35 mm lang. Leim sowie die Folie für die Auskleidung des Behälters. Nicht zu vergessen: ein klarer Lack für die Oberflächenbehandlung.

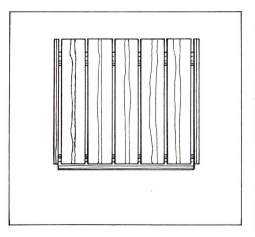

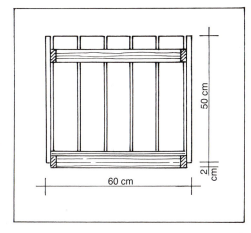

Oben: Auch ein Pflanzenbehälter und sogar beweglich.

Oben links: Seitenansicht des kleinen Pflanzenbehälters.

Mitte links: Schnitt durch den Behälter. Die haltenden Riegel sind an der Innenseite angebracht.

Unten links: Damit die Bodenfeuchtigkeit nicht in die Bretter dringt, stehen die unteren Riegel 2 cm vor.

Unten rechts: Alle vier Seiten werden mit Anschraubwinkeln zusammengehalten.

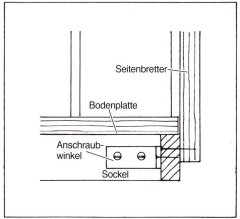

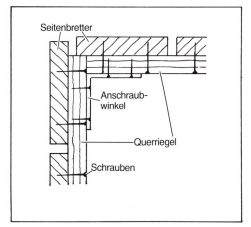

Wintergarten

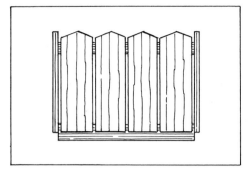
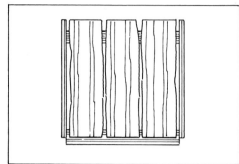
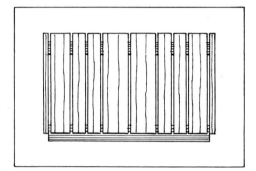
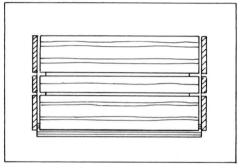

Fehler verwendet werden. Will man diesem Modell ein rustikales Aussehen geben, können selbstverständlich auch Bretter mit Baumkanten, also ohne geraden Seitenschnitt, verwendet werden. Es können schmale und breite Bretter, im Wechsel angeordnet werden, sogar eine waagrechte Anordnung ist möglich.

Nur um einmal zu zeigen, wie ein solches Stück weiter entwickelt werden kann, sind verschiedene Vorschläge aufgezeichnet worden. Hier bei dieser streng quadratischen Grundfläche werden, um eben das Quadrat zu erreichen, unterschiedlich breite Bretter erforderlich. Da 2 Seiten vor 2 schmalere Seiten gestellt und befestigt werden, mußte zu dieser Maßnahme gegriffen werden. Ansonsten kann aber jedes wünschbare Maß gewählt werden.

Herstellung
Da hier eine besonders gut aussehende Außenfläche gewünscht wird, sollte das Holz sortiert und so zusammengelegt werden, daß wirklich die besten Flächen nach außen zeigen.

Oben links: Wie die Kopfenden der äußeren Umrandung auch gestaltet werden, bleibt gleich.

Oben rechts: Bei einer größeren Länge sollten stärkere Innenriegel verwendet werden.

Unten links: Rustikale Außenflächen aus Brettern mit ungleichmäßigen Baumkanten.

Unten rechts: Die waagerecht angebrachten Bretter sind durch spezielle Riegel zusammengehalten.

Da es auch bei Hölzern der besten Güteklasse immer kleine Fehler gibt, ist diese Maßnahme schon erforderlich. Voraussetzung ist natürlich, daß alle Teile schon auf die gewünschte Länge zugeschnitten sind. Bevor es so richtig los geht, werden die Seitenflächen und auch die Kopfenden sorgfältig geschliffen, da man später an die Seiten ja nicht mehr so gut herankommt. Die fertig bearbeiteten Hölzer werden auf einer glatten Fläche ausgelegt. Um einen gleichmäßigen Zwischenabstand zu bekommen, werden kleine Abstandshölzchen zwischen die Bretter gelegt. Erleichtert wird die

Anfertigung von Einzelteilen

Arbeit, wenn man eine Anschlagleiste und dazu im rechten Winkel auch noch 1 oder sogar 2 seitliche Anschlagleisten auf der Auflageplatte befestigen kann.
Nun können die Querriegel, wohlgemerkt von der Innenseite her, aufgeschraubt werden, womit eine Seitenfläche schon fertiggestellt wäre. Die Vorarbeiten nehmen also fast mehr Zeit in Anspruch als der eigentliche Zusammenbau. Der untere Querriegel steht 2 cm vor, damit ein gewisser Sockelabstand zu den Brettern hergestellt wird. Die einzelnen Seitenelemente werden, wie auf den Detailzeichnungen dargestellt, mit Anschraubwinkeln miteinander verbunden. Abschließend wird die Bodenplatte, die übrigens auch aus Einzelbrettern bestehen kann, eingelegt. Zum Abschluß werden alle sichtbaren Flächen sauber geschliffen, alle Kanten leicht gebrochen und die Lackierung vorgenommen.

Pflanzenwannen aus Holz

Anstelle von kleineren Einzelgefäßen, Töpfen, Schalen oder Trögen sollte man doch besser einen größeren Behälter einsetzen, denn eine solche zusammenhängende Anlage ist schon von der Pflege her gesehen, viel einfacher zu versorgen. Man denke dabei nur an die Wasserversorgung. Sehr wichtig ist hierbei, daß die Pflanzen sich in einem solch großen Behälter viel besser entwickeln, da die Wurzeln sich bedeutend besser ausbreiten können. Nachteilig ist eigentlich nur, daß einige Pflanzen auf Kosten ihrer Nachbarn stärker wachsen und ihnen die Luft und die Nahrung wegnehmen. Hier muß man dann selbstverständlich eingreifen, um die Chancengleichheit wieder herzustellen. Bevor man mit dem Bau beginnt, sollte man sich auch darüber Klarheit verschaffen, ob es hier mit der Gewichtsbelastung Probleme geben könnte. Bei der hier vorgeschlagenen Gesamthöhe von 60 cm kann man mit einer Füllhöhe von ca. 45 cm rechnen.

Wurzelprobleme
Bei größeren Gewächsen muß man auch mit stärkeren, sich verzweigenden Wurzeln rechnen. Mit einer dünnen Plastikfolie, welche lediglich die Feuchtigkeit abhält, wird man hier auf keinen Fall auskommen. Es kommen nur wurzelfeste Folien in Frage, die in letzter Zeit auch für das begrünte Dach verwendet werden und die eine Dachbegrünung erst möglich machen. Die Ecken sollten verschweißt werden, um auch hier den Wurzeln kein Durchkommen zu ermöglichen. Wegen dieser Arbeiten sollte man sich mit einer Fachfirma (Teichbau, Dachbegrünung) in Verbindung setzen.

Material-Liste: Pflanzenwanne aus Holz

Nr.	Bezeichnung	Material	Abmessungen in mm	Anzahl
1	Außenseiten	20 mm Spanplatte	2040 × 580	2
2	Kopfseiten	20 mm Spanplatte	660 × 580	2
3	Innenwände	20 mm Spanplatte	2000 × 600	2
4	Stützelemente	22 mm Spanplatte	580 × 210	4
5	Verbindungsbalken	60 mm Fichte	660 × 60	4
6	Abdeckung	20 mm Fichte	2080 × 120	2
7	Abdeckung	20 mm Fichte	500 × 120	2
8	Montagehölzer	40 mm Fichte	540 × 40	4

Weiter werden benötigt: Schrauben und Nägel verschiedener Längen; Leim, wurzelfeste Folien für die Auskleidung der Wanne; Imprägnierung oder Holzschutzlack; eventuell ein besonderer Lack oder eine Farbe für die Außenwände. Anstelle der glatten Verkleidung kann auch eine Verbretterung aus gehobelten Brettern angebracht werden.

Wintergarten

Herstellung

Vor dem Beginn der Arbeiten sollte man sich die Zeichnungen ansehen und studieren, wie sich die Wanne aufbaut. Im Grunde ist es eigentlich eine ganz einfache Angelegenheit, bei der allerdings schon gewisse Materialmengen anfallen. Wir haben hier zuerst einmal hochstehende Dreiecke, die im unteren Teil an Balken genagelt werden und damit das Grundgestell bilden. Diese Gestelle sollen ca. 70 cm auseinander stehen. Die inneren Seitenplatten werden nun auf die Halterungen geschraubt, der Boden dazwischen gepaßt und auf dem Balken und den Seitenplatten befestigt. An den Bodenenden können jetzt auch schon die restlichen beiden Balken befestigt werden.

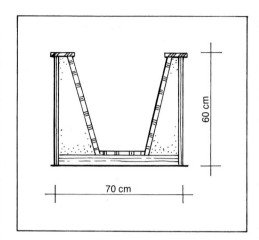

Oben rechts: Schnitt durch den Behälter mit den wichtigsten Maßangaben. Die Länge richtet sich nach den örtlichen Erfordernissen. Die Innenwände werden noch mit wurzelfester Folie ausgekleidet.

Mitte rechts: Ein kräftiger Verbindungsbalken und zwei Dreieckstützen bilden das tragende Gerüst. Darauf werden dann die Innenwände und der Boden geschraubt.

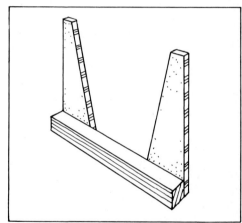

Unten rechts: Der Behälter nimmt langsam Form an. Es fehlt jetzt noch die äußere Umrandung und die obere Abdeckung.

Unten: Ansicht eines großen Pflanzenbehälters.

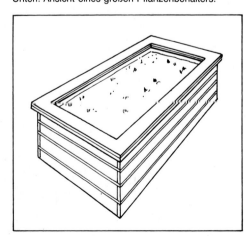

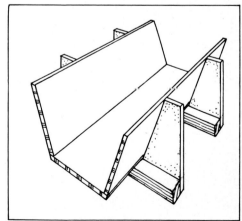

Wintergarten

Danach werden die beiden Kopfseiten an den Balken, dem Boden und den Innenseiten befestigt, womit der Trog eigentlich fertiggestellt ist. Die sichtbaren äußeren Seitenverkleidungen werden abschließend an den Kopfseiten und den 4 Dreiecksstützen angeschraubt. Anstelle der glatten Platten können die Außenfronten, soweit sie voll im Blickfeld liegen, auch noch mit anderen Materialien verkleidet werden. Den oberen Abschluß bildet eine umlaufende Abdeckung aus einem 12 cm breiten Fichtenholzbrett, welches auf den Innen- und Außenseiten befestigt wird. An den Kopfseiten sind an der Innen- und Außenseite Montagehölzer anzubringen, damit die Auflage auch den entsprechenden Halt findet. Alle Holzteile sollten ausreichend imprägniert werden. Teilweise muß diese Arbeit vor dem Zusammenbau erfolgen, damit man überall hinkommt.

Eine ähnliche Ausführung. Will man an den Seiten eine senkrechte Verbretterung anbringen, benötigt man Querriegel, um die Bretter daran befestigen zu können.

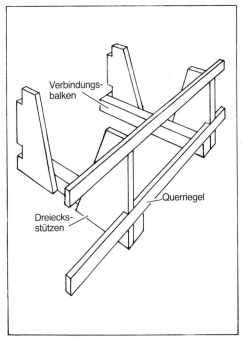

Einfache Herstellung einer Schlitz-Zapfen-Verbindung

Jetzt ist nun wirklich so viel über die handwerklich herzustellende Verbindung gesagt worden, daß es nun endlich an der Zeit ist, die Verbindung nicht nur zu zeigen, sondern auch die Herstellung zu erklären. Es ist gar nicht so schwierig, wie man zuerst denkt. Man muß nur ein klein wenig Zeit mitbringen und vor allen Dingen muß man sorgfältig und genau arbeiten können. Die Haltbarkeit aller Holzverbindungen hängt weitgehend davon ab, ob die Einzelteile nicht zu stramm und nicht zu locker, sondern genau passend ineinandergreifen.

Herstellung

Die Zapfenstärke bzw. die Schlitzbreite beträgt in der Regel ein Drittel der Holzstärke. Zunächst werden die entsprechenden Maße mit einem spitzen Bleistift angerissen. Dabei wird auch gleich die Zapfenlänge festgelegt. Man entscheidet jetzt auch schon, wie tief der Zapfen in das Querholz eingelassen wird. Man soll möglichst nicht durchzapfen, da sonst das Wasser auf der gegenüberliegenden Seite in das Holz eindringt und es nach und nach zerstört. Durch einen so langen Zapfen wird auch keine größere Stabilität erreicht.
Mit einer scharfen Säge wird zunächst der Zapfen angeschnitten. Früher wurde ja alles mit der Handsäge geschnitten, heute arbeitet man natürlich mit der Motorsäge (Stichsäge). Bei größeren Hölzern ist das nicht immer ganz einfach, und man wird von Fall zu Fall auf die Handsäge zurückgreifen müssen.
Der Schlitz wird mit einem entsprechend starken Bohrer, der auf die gewünschte Tiefe eingestellt ist, erst einmal vorgebohrt und die verbleibenden Reststücke mit einem scharfen Stecheisen beigearbeitet. Durch das Vorbohren wird schon einmal viel Holz aus dem Zapfenloch herausgeholt, was zugleich eine Arbeitserleichterung bedeutet. Für die Herstellung des Schlitzloches benötigt man zwei Stecheisen. Das erste Eisen sollte die gleiche Breite wie das Loch haben, während für die

Anfertigung von Einzelteilen

übrigen Arbeiten ein ca. 2 cm breites Eisen gute Dienste tut. Wie gesagt, scharfe und ordentliche Werkzeuge erleichtern die Arbeit und sorgen mit für ein gutes Arbeitsergebnis. Abschließend wird geprüft, ob die Teile auch gut ineinander passen. Ein Holzhammer erleichtert den Zusammenbau. Um das Holz dabei nicht zu zerstören und um unnötige Druckstellen zu verhindern, sollte eine Zulage verwendet werden, auf die man dann klopfen kann.
Zapfen an Schrägstreben werden auf die gleiche Art gefertigt.

Eine rechtwinklig gebaute Anlage

Selbstverständlich erwartet man, daß ein Haus im rechten Winkel sowie lot- und fluchtgerecht gebaut ist. Das sollte man aber auch von dem geplanten Anbau, auch wenn man ihn selbst errichtet, erwarten dürfen. Allerdings nur auf sein geschultes Augenmaß verläßt sich kein Handwerker und sollte man sich selbst auch nicht verlassen. Spätestens wenn der Anbau steht und von kritischen Betrachtern unter die Lupe genommen wird, werden auch Fehler in dieser Richtung entdeckt. Auch wenn Scheiben eingesetzt werden oder Platten zu verlegen sind, kommt es zu Komplikationen, wenn der rechte Winkel nicht stimmt. Man sollte also schon zu den bekannten Hilfsmitteln greifen.

Wie stellt man den rechten Winkel fest?

Wenn man es weiß, ist nichts einfacher, denn eigentlich sind nur 3 Zahlen, in der richtigen Reihenfolge eingesetzt, nötig. Eine Grundlinie und zwar die des vorhandenen Hauses, ist ja in jedem Fall verwendbar und bekannt. An dieser Wand, möglichst an der Stelle, an der eine Anbaukante vorgesehen ist, wird 1 Punkt markiert. 60 cm von diesem bestimmten Eckpunkt wird eine 2. Markierung vorgenommen. Vom 1. Punkt wird eine Linie, möglichst rechtwinklig, in den Garten gezogen. Der Endpunkt dieser Linie liegt bei 80 cm. Die Schrägmessung zwischen diesen beiden Punkten muß

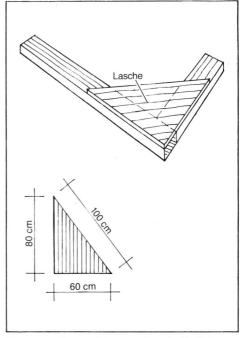

Ein rechter Winkel wird aus zwei unterschiedlich langen Hölzern, die mit einer Lasche zusammengehalten werden, hergestellt.

genau 100 cm ergeben, wenn die Linie vom Eckpunkt genau rechtwinklig in den Garten zeigen soll. Man schiebt diese Linie, die im Augenblick ja noch aus einer Latte oder einer Schnur besteht, so lange hin und her, bis das erforderliche Maß erreicht ist. Alle übrigen Ecken können dann ebenso festgelegt werden. Eine Überprüfung der ganzen Terrasse oder Anbaufläche durch eine Diagonalmessung zeigt dann an, ob tatsächlich alles in Ordnung ist. Beide Diagonalmaße müssen übereinstimmen.

Anfertigung eines Winkels

Will man nicht andauernd, die doch manchmal umständlichen Messungen durchführen, soll man sich selbst einen größeren rechten Winkel anfertigen. Auf einer ebenen Fläche oder Platte werden die bekannten Maße festgelegt. Zwei unterschiedlich lange Bretter werden ge-

Wintergarten

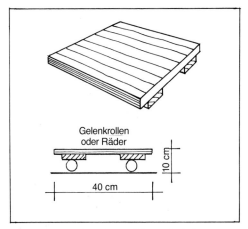

Transportwagen für schwere Pflanzenbehälter.
1 Platte, 4 Räder – mehr braucht man nicht.

und machbar. Will man eine besondere Form herstellen, so ist es ratsam, diese Form erst einmal trocken, also ohne Mörtel, aufzuschichten. Man bekommt so einen besseren Überblick über die Größe und das spätere Aussehen und kann jetzt vor allen Dingen noch einige Verbesserungen vornehmen. In vielen Fällen wird solch ein Vorhaben zu wuchtig und mächtig gebaut. Bei der Verwendung von Bruchsteinen ist eine Vorsortierung des Materials geradezu unerläßlich.

Herstellung
Ist man mit den gefundenen Abmessungen zufrieden, werden die Umrisse auf dem Boden aufgezeichnet. Es wird hier davon ausgegangen, daß ein Fundament oder eine Betonplatte als haltbarer Untergrund vorhanden ist. Diese Fläche sollte selbstverständlich auch genau in der Waagrechten liegen. Wie gemauert wird, ist auf den Zeichnungen zu sehen. Die senkrechten bzw. die Stoßfugen sollen immer versetzt angeordnet werden. Ganz besonders auf eine gleichmäßige Fugenstärke achten! Das gilt auch für die waagrechten Lagerfugen. Da es sich hier um ein sichtbares Mauerwerk handelt, dürfen die äußeren sichtbaren Steinflächen nicht durch Mörtel verschmutzt werden. Herausquellender Mörtel muß sofort abgewa-

nau an den bezeichneten Linien angelegt und mit einer Lasche verbunden. Die Lasche wird aufgeleimt und genagelt. Ob man nun auf beiden Seiten eine Lasche aufbringt oder eine Schlitz-Zapfen-Verbindung herstellt, spielt keine Rolle. Wichtig ist letztlich nur, daß ein genau stimmender rechter Winkel entsteht. Vor dem Gebrauch sollte das noch einmal genau überprüft werden. Zu diesem Zweck legt man ihn an einer großen Platte (Türblatt) einmal von rechts und einmal von links an. Die an dem langen Schenkel gezogenen Bleistiftlinien müssen in beiden Fällen übereinander liegen.

Aufgemauerte Pflanzenwanne

Ganz selbstverständlich kann eine Pflanzenwanne auch aus Steinen aufgemauert werden. Man denke in diesem Zusammenhang an die Grillstation oder die aufgemauerte Bartheke. Dabei spielt es auch keine Rolle, ob der Behälter aus einem Ziegelmauerwerk oder aus Bruchsteinen errichtet wird. Schneller und einfacher geht es sicher mit den Ziegeln, obwohl später keiner mehr nach der Zeit fragen wird. Was die Form und die Abmessungen betrifft, so ist auch in diesem Fall alles möglich

Ansicht einer gemauerten Pflanzenwanne, es können auch Bruchsteine verwendet werden.

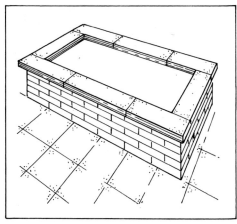

Anfertigung von Einzelteilen

schen werden. Ob die Fugen sofort ausgefugt werden oder erst später, bleibt dem Maurer überlassen. Die obere Abdeckung erfolgt durch Kunststeinplatten, kräftige Holzbohlen oder ein anderes geeignetes Material. Der ganze Innenraum wird auch hier mit wurzelfester Folie ausgekleidet, die unterhalb der Abdeckung befestigt wird.

Ein selbstgebauter Teich

Für die Herstellung eines Teiches bieten sich unendlich viele Möglichkeiten an. Auch hier kann man eine Umrandung aus Holz oder Stein herstellen und den Innenraum wasserdicht mit Folien auskleiden. Alle gewünschten Formen lassen sich so leicht herstellen. Bei der

Rechts: Bei diesem Springbrunnen liegt die Pumpe verdeckt unter dem Stein. Durch eine in den Stein gebohrte Öffnung tritt das Wasser aus.

Unten: Teichanlage innerhalb der Bodenfläche eines Wintergartens.

Wintergarten

Folienauskleidung ist sehr sorgfältig zu arbeiten, damit kein Wasser durch schlecht verklebte Fugen dringt. Die durch eine gewisse Nachlässigkeit entstehenden Wasserschäden sind sehr ärgerlich und meistens schwierig zu beseitigen. In der freien Natur, also im Garten kann schon einmal etwas Wasser im Erdreich versickern, ohne daß Probleme auftreten.

Kunststoffbecken
Besser ist es schon, wenn vorgefertigte Kunststoffbecken verwendet werden, die ebenso verkleidet werden wie ein Folienbecken. Es gibt derart viele Formen und Ausführungen, daß man ganz sicher das passende Modell findet. Manche dieser Becken sind schon komplett ausgerüstet: mit Zu- und Ablauf, mit einer Unterwasserbeleuchtung und der Pumpe. In diesem Zusammenhang sollte man sich auch einmal für das umfangreiche Teichzube-

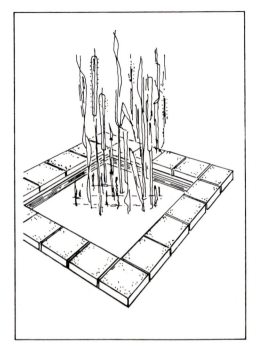

Rechts oben: Ein Wasserbecken mit einer Abdeckung aus quadratischen Platten.

Rechts Mitte: Schnitt durch ein in den Boden eingelassenes Kunststoffbecken. Die Umrandung liegt auf dem Fußboden und dem Beckenrand.

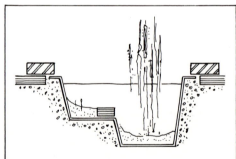

Rechts unten: Schnitt durch ein einfaches Becken. Die Umrandung besteht aus einem Mauerwerk und die Abdeckung aus Kunststeinplatten.

Unten: Eines von unendlich vielen, unterschiedlich geformten Kunststoffbecken.

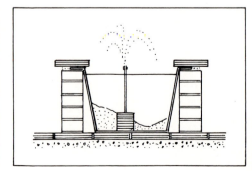

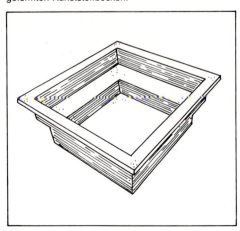

Anfertigung von Einzelteilen

hör der vielen Hersteller interessieren. Hier gibt es viele Spielereien, aber auch nützliche Dinge. Was für Teichanlagen im Garten gebraucht werden kann, eignet sich auch für eine Teichanlage im Wintergarten. Erwähnenswert sind die Wasserspeier als zusätzliches, belebendes Gestaltungselement.

Auf der Zeichnung ist dargestellt, wie ein solches noch zu verkleidendes Becken aussieht. Dies ist nur eine von vielen Formen. Da die Wasserpflanzen unterschiedliche Wassertiefen bevorzugen, ist auch darauf Rücksicht genommen worden. Die Becken können in den Boden eingelassen oder, wie schon gesagt, umgebaut werden. Von dem Becken selbst ist später nichts zu sehen, da die Abdeckung auf dem Beckenrand aufliegt. Diese Abdeckung kann aus quadratischen Platten, Holzschwellen, Bruch- oder Kieselsteinen oder jedem anderen Material bestehen. Anstelle des einfachen Teiches, kann man auch eine mehrstufige Wasserfallanlage im Wintergarten aufstellen. Mit der Hilfe einer Pumpe wird das Wasser durch verdeckt liegende Leitungen immer wieder zum Wasserspeier oder zur höchsten Stelle gepumpt. Der Wasserverbrauch ist daher ganz gering.

Zuleitungen nicht vergessen

Will man diese Spielereien verwirklichen, darf man selbstverständlich die Zuleitungen für Wasser und Strom nicht vergessen. Auch wenn man eine Teichanlage erst für einen späteren Zeitpunkt einplant, sollten die Rohre und Leitungen schon jetzt, im Zuge der Baumaßnahmen verlegt werden, damit der Boden nicht noch einmal aufgerissen werden muß. Die Wasserinstallation und die Anschlüsse für die Pumpe sowie für die Unterwasserbeleuchtung läßt man vom Fachmann ausführen. Da die übrigen Anschlüsse im Wintergarten ebenfalls von Fachleuten ausgeführt werden, entstehen kaum Mehrkosten. Eine frühzeitige Planung ist allerdings nötig. Sollten Zierfische in diesem Teich gehalten werden, muß man gegebenenfalls auch noch für eine Belüftung und eine Filteranlage sorgen. Was die Teiche angeht, so sei an dieser Stelle auch noch an die zahlreichen Bücher erinnert, die sich speziell mit diesen und ähnlichen Fragen beschäftigen.

Einrichtung

Wohnen unter Glas

Nach der vielen Technik, die notwendigerweise nun einmal dazu gehört, soll jetzt einiges zur Einrichtung des Wintergartens gesagt werden. Die pflanzliche und innenarchitektonische Einrichtung ist ohne die vorher besprochene technische Ausstattung kaum möglich. Letztlich soll doch alles darauf hinauslaufen, einen Wohnraum unter Glas mit seitlichen Wänden zu schaffen. Welchen Namen man diesem zusätzlichen Raum gibt, ist an verschiedenen Stellen schon einmal angeklungen. Die Namenspalette reicht vom »Grünen Wohnzimmer« bis zum »Heilklimatischen Zentrum«. Ideal ist und bleibt es, wenn man von den übrigen Wohnräumen des Hauses diesen neuen Raum unmittelbar betreten kann. Dadurch wird ganz sicher auch eine bessere Einbindung in die Wohnung ermöglicht. Sollte die nicht möglich sein, so kann der Wintergarten, ähnlich wie ein Sitzplatz im Garten, etwas vom Haus entfernt aufgebaut werden. Eine gewisse Isolierung ist allerdings damit verbunden. Trotz der Glaswände sollte dieser freistehende Bau nicht als Fremdkörper in der Landschaft stehen, sondern zeitig in die übrige Gartengestaltung einbezogen werden. Eventuell läßt sich dies in Zusammenhang mit einem befestigten Sitzplatz, einem Gartenhaus oder dem Schwimmbad erreichen. Eine Sprechverbindung mit der Wohnung wäre in diesem Fall sehr angebracht. Da in jedem Fall Versorgungsleitungen verlegt werden müssen, sollte dies kein Problem sein.

Der Mensch sollte den Vorrang genießen

Bei der Einrichtung des Wintergartens sollten die Bedürfnisse des Menschen besonders berücksichtigt werden. Das ist gar nicht so selbstverständlich, weil man immer wieder an das Gewächshaus oder an die besonders anspruchsvollen Pflanzen denkt, die man auch im Wintergarten heranziehen möchte. Man ist dann zu leicht geneigt, ihnen die angenehmsten Wachstumsbedingungen zu schaffen. Dabei ist es mit Hilfe der Technik möglich, wie man inzwischen weiß, ideale Bedingungen für Menschen und Pflanzen zu schaffen. In diesem Zusammenhang sollte man auf keinen Fall zu impulsiv und unüberlegt an den Pflanzenkauf herangehen. Ebenso sollte man nicht jedes Möbel, jeden Stoff und jeden Teppichboden im Wintergarten unterbringen wollen. Das gilt auch für die Farbauswahl.

Möblierung

Wenn an dieser Stelle von der Möblierung gesprochen wird, so ist damit die komplette Einrichtung des Raumes gemeint. Dazu gehören neben Stühlen, Tischen und Liegen auch Pflanzenbehälter in allen Formen, Größen und Ausführungen, eventuell Plastiken und Teichanlagen und was man sonst hier unterbringen möchte, um sich eine angenehme Umgebung zu schaffen. Was dann im Einzelnen in den Behältern gepflanzt werden kann, wird an anderer Stelle gesagt. Was die Möblierungsplanung angeht, so sollte man hier erst einmal einige Grundmaße kennen, damit man sie bei der Planung leichter berücksichtigen kann. Auf keinen Fall den Raum so voll packen, daß man sich nicht mehr bewegen kann. Eine gewisse Großzügigkeit und Offenheit muß immer erhalten bleiben. Wenn die Pflanzen erst einmal Fuß gefaßt haben und üppig wachsen, wird es noch eng genug, und man muß eben wieder zur Schere greifen.

Platzbedarf für die Möbel

Für eine einfache Sitzgruppe bestehend aus vier Sesseln und einem Tisch muß man mit einem Platzbedarf von 260 × 260 cm rechnen. Nimmt man anstelle der Sessel nun kleine Stühle oder Hocker, muß immer noch mit einem Flächenmaß von 220 × 220 cm gerechnet werden. Eine Sitzgruppe bestehend aus einer Eckbank, drei Stühlen und einem größeren Tisch, beansprucht noch einen Platz von 220 × 300 cm. Eine Liege ist ca. 60–70 cm breit und 180–190 cm lang. All diese Maße kann man selbst messen, denn jedes Möbel oder jeder Pflanzenbehälter kann hier nicht in seinen Maßen festgehalten werden.

Einmal ein voll möblierter Wintergarten, in dem die Pflanzen ganz an den Rand gerückt sind. Im Hintergrund ist die Schattierung zu erkennen.

Bei der Einrichtungsplanung sollte man aber unbedingt daran denken, daß man auch um die Möbel herumgehen muß, wenn man sie benutzen will. Zwischen dem Tisch und den Stühlen sollte ein Abstand von 20 cm verbleiben. Wenn man sich die Planung im verkleinerten Maßstab nicht vorstellen kann, sollte man mit Kreide die Möbel und die Pflanzenbehälter auf der Terrasse oder einer ebenen Fläche aufzeichnen. Noch besser ist es, wenn man einige Möbel schon aufstellen kann und mit Latten oder einem ähnlichen Material die Pflanzenbehälter darstellt. Man bekommt dann auch ein gewisses Raumgefühl. Vor einem solch wichtigen Objekt, wie es der Wintergarten nun einmal darstellt, sollte man immer eine Vorplanung der kompletten Einrichtung durchführen oder durchführen lassen. Zur endgültigen Planung kann man unter Umständen ja den Lieferanten befragen, der in seinem technischen Büro oftmals die entsprechenden Spezialisten beschäftigt. Auf keinen Fall sollte man es auf zufällige Ideen und Entscheidungen ankommen lassen. Man merkt es ganz sicher, wenn eine Sache überlegt und gründlich geplant ist. Spätere Enttäuschungen werden damit ausgeschaltet. An Hand der nachfolgenden Beispiele soll gezeigt werden, was man machen könnte.

Beispiele für Einrichtungen

Kleiner Wintergarten mit Sitzgruppe

Wie inzwischen bekannt, ist für die Wintergarteneinrichtung auch die Himmelsrichtung ein entscheidender Planungsgesichtspunkt. Hier ist der Wintergarten in die Ecke eines Winkelbungalows gebaut worden. Der Wohnraum befindet sich an der linken Seite. Man geht also quer durch den Raum zum Gartenausgang. Das war eine Forderung, die auch einzuhalten war. An den Außenwänden wurden selbstverständlich Pflanzenbehälter vorgesehen. Au-

Wintergarten

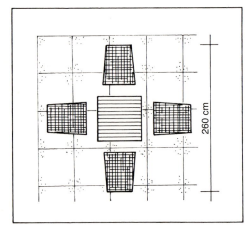
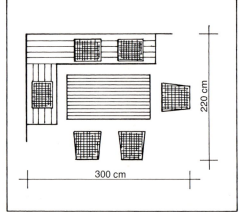

ßerdem stehen noch zwei weitere Großpflanzen in einer relativ ungünstigen Ecke. In dem großen Pflanzenangebot finden sich aber auch Exemplare, die mit bescheidenen Plätzen auskommen. Viel Platz bleibt nun nicht mehr. Will man noch eine Liege aufstellen, muß die Sitzgruppe etwas zusammengerückt werden, was natürlich leicht zu machen ist.

Kurzer Weg in den Garten
Auch hier wieder zwei feste Mauern. Wegen der Lüftungsmöglichkeit ist das Fenster in der linken Wand etwas problematisch. Dieser Wintergarten kann aber auch frei vor die Wohnraumwand gebaut werden. Hier sieht man wie Platz gewonnen werden kann, wenn der Zugang von der Wohnung und der Ausgang zum Garten möglichst nah beieinander liegen. Dabei sollte man aber immer noch einen Weg durch den Raum anstreben, damit man ungehindert an alle Pflanzen herankommen kann. In diesem Fall hätte man den Gartenausgang auch unmittelbar an der Hauswand vorsehen können und hätte damit eine umlaufende Pflanzenwand bekommen. Ohne den Plan groß zu verändern, ließen sich an allen drei Außenwänden Ausgänge zum Garten schaffen. Anstelle einer Sitzgruppe, an der auch das Frühstück eingenommen werden kann, ist hier nur ein kleiner Beistelltisch mit zwei Sesseln aufgestellt worden. Dafür fand man aber auch ausreichend Platz für eine Son-

Oben links: An dieser Zeichnung soll gezeigt werden, wieviel Platz für einen Tisch und vier Stühle benötigt wird. Diese Abstände sind nötig, wenn Personen am Tisch sitzen.

Oben rechts: Hier ist eine Eckbank mit einem großen Tisch und drei Stühlen dargestellt. Die beiden Maße zeigen, was an Platz benötigt wird.

S. 119 oben: Einfacher Wintergarten. An der linken Seite der Zugang von der Wohnung, dann der Gang quer durch den Raum zum Gartenausgang.

S. 119 unten: Auf recht kurzem Weg gelangt man vom Wohnraum zum Gartenausgang. Hier findet sich noch genug Platz für eine Liege. Die Pflanzen sind in teilweise fahrbaren Behältern untergebracht.

nenliege. Hier ist man fast von allen Seiten von Pflanzen umgeben, die in Einzelbehältern untergebracht sind. Verschiebungen und Umstellungen sind jederzeit möglich. Der Fußboden besteht in allen Fällen aus Keramikplatten. Selbstverständlich kann auch noch in Teilbereichen ein Teppich ausgelegt werden.

Eine große Pflanzenwanne
Dieser Wintergarten ist vor die Außenwand des Wohnraumes gebaut worden. Vom Wohnzimmer geht man auf geradem Wege in den Garten. Wenn man so will, ist der Hausausgang nur vorverlegt worden. Eine große Sitzgruppe bestimmt auf den ersten Blick das Bild des neuen Wohnraumes. Hier besticht die mächtige Fülle der Pflanzen das Bild. Von den

Einrichtung

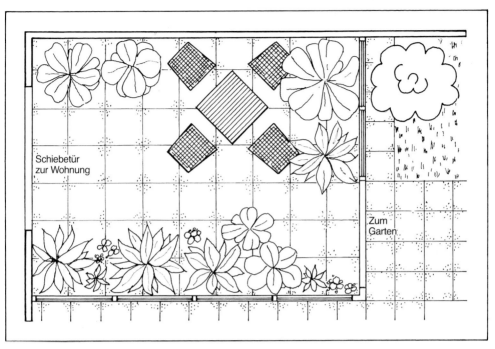

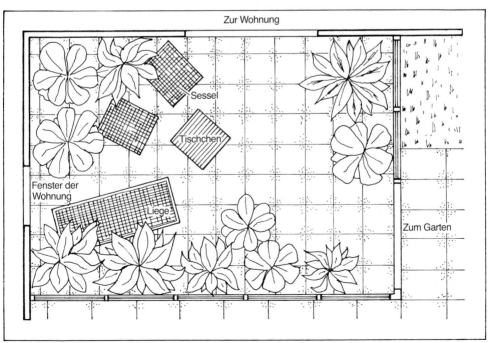

Wintergarten

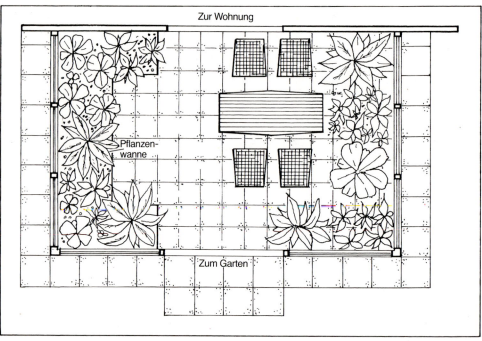

Einrichtung

beiden Türöffnungen einmal abgesehen, ist man nur von Grün umgeben. Auf der rechten Seite stehen dic verschiedenen Pflanzen in beweglichen Einzelbehältern und können auch jederzeit noch umgesetzt werden. Es kann ja durchaus vorkommen, daß einem im Laufe der Zeit und bedingt durch das unterschiedliche Wachstum, die ursprüngliche Anordnung nicht mehr gefällt. Auf der linken Fensterseite haben wir eine Neuheit. Hier ist für die Pflanzen eine große zusammenhängende Pflanzenwanne angefertigt worden. Aus diesem Grunde ist hier das Glas auch nicht bis auf den Fußboden heruntergeführt worden, sondern im unteren Teil sind die Felder durch isolierte Platten geschlossen worden. Die Pflanzenwanne in U-Form ist auf Maß in den Wintergarten eingebaut worden, ist aber nicht fest mit der Konstruktion verbunden. Die Pflanzenwanne kann aus Steinen aufgemauert oder aus Holz gefertigt werden. Beide Möglichkeiten wurden an anderer Stelle ausführlich dargestellt. Man kann sich leicht vorstellen, daß eine solche Wanne bedeutend weniger Arbeit macht als viele Einzelgefäße. Zwischen den Einzelbehältern muß z. B. immer der Fußboden gereinigt werden, hier muß nur auf ein zu üppiges Wachstum einiger Bewohner geachtet werden. Die äußere sichtbare Wand sollte auch dementsprechend ausgeführt werden. Da die zu verkleidende Fläche nicht sehr groß ist, sollten die Materialkosten hier nicht ins Gewicht fallen.

Seite 120 oben: Sitzgruppe mit leichten Möbeln in einem kleinen Wintergarten – ein gemütliches Plätzchen.

S. 120 unten: Der Durchgang von der Wohnung zum Garten trennt diesen Wintergarten in zwei Teile. Die Pflanzen sind in einer Pflanzenwanne untergebracht.

Unten: Eine weitere Steigerung und auch wieder eine Zweiteilung.

Ein Teich im Wintergarten

Warum sollte man eigentlich nicht auch einen Teich im Wintergarten haben. Hier bieten sich neben dem Teich auch eine Springbrunnenanlage, ein Aquarium oder Terrarium, eine Vogelvoliere, oder Möglichkeiten für andere

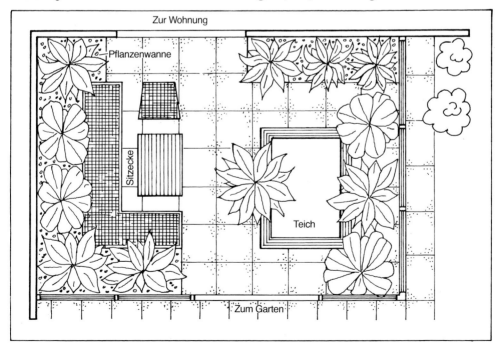

Wintergarten

Liebhabereien an. Man hat Teiche im Garten oder auf der Terrasse, warum nicht ein Wasserbecken oder eine Wasserfallanlage unter Glas. Für eine gewisse Luftfeuchte ist dann schon einmal gesorgt, obwohl die Luft selbstverständlich und automatisch auf gleichmäßige Feuchtigkeit und Wärme gehalten wird.

An der linken Seite der Zeichnung (S. 121), also nicht in der vollen Sonne, ist wieder eine große Pflanzenwanne eingeplant worden; an die Wanne angebaut eine größere Eckbank. Natürlich muß diese Bank nicht fest montiert werden, sondern kann sogar aus zwei Einzelelementen bestehen. Da der Raum schon stark ausgenutzt ist, bleibt hier nur noch Platz für einen Stuhl und den Tisch. Der freie Gang vom Wohnraum zum Gartenausgang teilt den Raum in zwei Hälften. Neben der breiten Wohnraumtür steht ein größerer Pflanzenbehälter. Es muß nicht unbedingt ein selbstgefertigter Behälter sein. Denkbar wäre auch ein ausgehöhlter Baumstamm. Es gibt ja viele Dinge, welche sich für eine Bepflanzung anbieten.

An der rechten Seite stehen dann wieder Pflanzen in Einzelbehältern. In der Raummitte, auch als Mittelpunkt gedacht, befindet sich der Teich. Die Umrandung sollte nicht mehr als 50 cm hoch sein. Das entspricht einer Wassertiefe von ca. 35 bis 40 cm. Viele Wasserpflanzen und die üblichen Zierfische finden hier recht gute Bedingungen vor.

Wie der Teich ausgeführt wird, bleibt dem Hersteller überlassen. Man kann ihn ähnlich aufbauen wie die großen Pflanzenbehälter. Man kann aber auch sehr schön gestaltete Fertigteiche, voll installiert, hier aufstellen. Am Rande des Teiches kann noch ein Wasserspeier in Form einer Plastik stehen. Anstelle des Teiches kann an dieser Stelle auch eine Springbrunnenanlage aufgestellt werden. Die Teichherstellung wurde ebenfals im Detail beschrieben.

Voliere im Wintergarten

Wenn schon exotische Pflanzen im Wintergarten heranwachsen, warum sollen nicht auch Vögel aus diesen Gebieten hier eine Heimat finden. Die Voliere auf der Zeichnung ist fest an der linken Wand angebaut. Sie muß, schon wegen der Pflegemaßnahmen, voll zugänglich sein. Eine Tür ist auf jeden Fall erforderlich. Spezialfirmen bieten sehr schöne Volieren an. Da es wieder eine Arbeit nach Maß ist, kann man sie auch selber herstellen. Erfahrene Tierhalter wissen, daß die Vögel keine pralle Sonneneinstrahlung mögen. Aus diesem Grunde wurde auch ein etwas schattiger Platz gewählt. Außerdem sorgen die nah dabei stehenden Pflanzen für den nötigen Schatten. Die sich anschließende Pflanzenwanne wird wie schon beschrieben hergestellt. Schon an der Form erkennt man, daß hier kein Serienerzeugnis eingebaut wurde.

Wenn die Voliere einmal auf Kosten des Pflanzenbehälters vergrößert werden soll, wird sich das sicher machen lassen. Eine kleine Warnung für lärmempfindliche Bewohner: Bevor man mit dem Bau der Voliere beginnt, sollte man sich schon in zoologischen Handlungen umsehen, besser umhören, denn einige der Tiere sind doch recht laut. Bei dieser Grundrißplanung hat man den Versuch unternommen, möglichst auf kurzem Weg in den Garten zu gelangen. Dadurch konnte man den Innenraum etwas freier gestalten und bekam auch noch eine größere Freifläche. Eine fahrbare Liege kann jederzeit hier noch untergebracht werden. Vom Wohnraum kann man die interessantesten Punkte des Wintergartens gut im Auge behalten. Dies war ein Wunsch, der auch erfüllt werden konnte. Trotz der Sitzgruppe, die bei Nichtbenutzung natürlich bedeutend kleiner ausfällt und der Springbrunnenanlage, wirkt der Grundrißplan nicht überladen. Si-

Trotz einer großen Freifläche im Mittelbereich ist hier sehr viel untergebracht worden. An der linken Seite eine Voliere mit angebautem Pflanzenbehälter. Im vorderen Bereich eine kleine Wasserfallanlage und eine Sitzgruppe. Rechts dann noch ein Pflanzenbehälter und der Ausgang zum Garten.

Eine Alternativ-Lösung. Der Ausgang zum Garten wurde an die Hauswand verlegt, die Sitzgruppe wurde vergrößert und im Mittelbereich konnten zusätzliche Pflanzenbehälter aufgestellt werden. Hier sind allerdings hochwachsende Pflanzen untergebracht. Ein Bewegungsspielraum ist immer noch gegeben.

Einrichtung

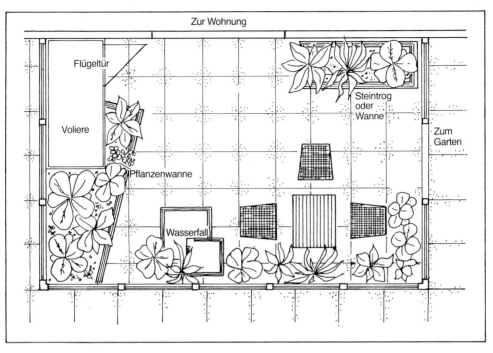

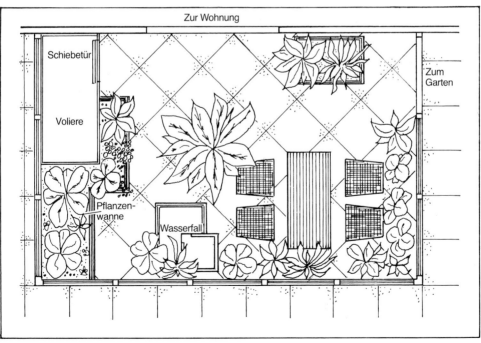

Wintergarten

cher werden die Pflanzen eines Tages sehr viel mehr Platz beanspruchen. Wenn es einmal so weit ist, muß eben ein kräftiger Rückschnitt erfolgen. Bei jeder Wintergartenplanung muß man sich immer wieder überlegen, ob man die zur Verfügung stehenden Flächen total verplant oder für die spätere Entwicklung einige Freiflächen beläßt. Ist der Einbau eines Teiches geplant, sollte man sich frühzeitig Gedanken über die Wasserzuführung machen.

Farbgestaltung

Die bestimmende Farbe im Wintergarten ist das Grün der Pflanzen, unterbrochen von einigen Farbtupfern der Blüten und Blumen. Man sollte auf keinen Fall versuchen, nun mit besonders kräftigen Farben das wohltuende Pflanzengrün zu überdecken oder gar zu übertrumpfen. Ganz im Gegenteil sollten sich alle anderen Gegenstände in Form und Farbe dieser natürlichen Umgebung anpassen. Man kann zwar Blickpunkte und Akzente setzen, aber wäre es hier nicht angebrachter eine Pflanze besonders herauszustellen? In einem Wohnraum sieht das ganz anders aus. Dort kann mit den Farben anders gearbeitet werden und eine Wand, ein besonderes Möbelstück, eine extravagante Lampe oder ein Bild besonders herausgestellt werden. Im Glashaus sind auch die Lichtverhältnisse ganz anders, von den Wand und Deckenflächen gar nicht zu sprechen.

Die hellen Farben und natürlichen Materialien der Möbel verstärken den lichten, luftigen Eindruck dieses Wintergartens.

Unten: Fast nahtloser Übergang vom Wohnraum in den Wintergartenanbau.

Einrichtung

Wintergarten

Der Fußboden
Neben dem Grün der Pflanzen bietet sich für eine Farbgebung besonders der Fußboden an. Graue Zementplatten, so praktisch sie auch sein mögen, sind abzulehnen. Sie sollten besser vor dem Haus und für die Gartenwege eingesetzt werden. Das gilt im gleichen Maße für die Waschbetonplatten. Da es ja mehr ein Wohnraum ist, sollte der Bodenbelag auch in dieser Hinsicht ausgesucht werden. Natursteinplatten oder Keramische Erzeugnisse sind hier der richtige Bodenbelag. Brauntöne, ob hell oder dunkel eignen sich wohl am besten. Man sieht nicht jeden Schmutz und sie entsprechen auch noch der natürlichen Umgebung. Die Verlegemuster, die Plattenformen und -formate spielen keine Rolle. Will man die Fugen etwas betonen, sollte ein Kontrastfarbton verwendet werden. Wegen einer Fugenverschmutzung sollten die Fugen möglichst dunkler sein als der Belag.

Welche Teppichfarben
Ohne Teppiche wird man sicher nicht auskommen wollen. Außerdem sieht ein Raum mit Teppichen bedeutend wohnlicher aus. Unifarben, zumindest aber schlicht gemusterte Teppiche sind vorzuziehen. Beigetöne oder ein heller Grau-Braunfarbton sind die geeigneten Farben. Je aufwendiger der Plattenbelag ausgeführt wurde, desto schlichter im Farbton und in der Musterung sollten die Teppiche sein. Das gilt auch im umgekehrten Fall.

Welche Teppichqualitäten
In einem klimatisierten Wintergarten können zumindest alle modernen Teppiche ausgelegt werden. Bei alten Teppichen weiß man nicht immer, wie sie auf die erhöhte Luftfeuchte reagieren. Den Kunststoffmaterialien macht dies nichts aus, außerdem sind sie auch strapazierfähiger. Das gilt im besonderen Maße für eine eventuelle Verschmutzung. Viele dieser Teppiche, besonders aber die Auslegeware, hat einen geschlossenen Schaumrücken und besteht aus Polyamid oder ähnlichen Materialien. Die Teppichböden können leicht selbst verlegt werden. Auch dicke, hochflorige Einzelteppiche aus Polyacryl, die manchmal von echten Berberteppichen kaum zu unterscheiden sind, sollen in diesem Rahmen erwähnt werden. Man sollte sich bei größeren Anschaffungen beraten lassen.

Farben der Möbel
Im Grunde kann man, was die Farben angeht, alle Möbel im grünen Wohnzimmer unterbringen. Naturfarbig belassene Möbel passen sicher am besten zu dieser Umgebung. Hochglanzmöbel und überschwere Ledergarnituren sollte man im Wohnraum belassen und hier leichtere Teile auswählen. Da die meisten Möbel in Brauntönen gehalten sind, werden schon wegen der gleichen Bodenfarben manchmal Bedenken aufkommen. Diese Tatsache sollte man aber nicht überbewerten, da die Möbelierung nicht aus Schränken und Schrankwänden besteht, sondern nur aus Stühlen oder Sesseln und einem Tisch. Helle und bunte Kissen geben besonders den weißen Möbeln eine besondere und frische Note. Das gilt auch für die hellen Möbel aus Kiefernholz. Wenn eben möglich, sollte man auch die Pflanzenbehälter bzw. die Verkleidungen oder Umrandungen den Möbeln anpassen.

Vorhänge in frischen Farben
Falls Vorhänge im Wintergarten angebracht werden, ist ebenfalls auf das allgemeine Farbniveau Rücksicht zu nehmen. Denkbar wären Vorhänge oder Schals im Bereich der Verbindung zwischen dem Wohnraum und dem Glashaus. Ansonsten könnten Stoffe für einen beweglichen Sichtschutz, und Stoffbahnen für eine Innenschattierung verwendet werden, obwohl die schon angesprochenen Sonnenschutzgläser eine bessere Wirkung haben. Da es sich hier immer um größere Flächen handelt, sollten weiße oder naturfarbene Stoffe verwendet werden. Es ist auch daran zu denken, daß die Stoffe durch die Hitze, mehr aber noch durch das Sonnenlicht, stark beansprucht werden. Wie die einzelnen Farben genau darauf reagieren, weiß man nicht immer, auf jeden Fall bleichen die Farben aus und der Stoff vergilbt.

Einrichtung

Sichtschutz und Schattierungen

Im Grunde werden Sichtschutzmaßnahmen kaum erforderlich, da der Einblick von der Außenseite sicher durch eine dichte Bepflanzung verhindert werden kann. Wenn doch ein Sichtschutz erforderlich werden sollte, ist er nur zu bestimmten Zeiten einzusetzen, da eine Schattenbildung und damit ein Nachteil für die Pflanzen damit verbunden ist. Als Sichtschutz bieten sich Jalousien der unterschiedlichsten Ausführungen an. Besonders interessant sehen hier die Vertikal-Jalousien aus. Will man einmal Sichtschutzanlagen einsetzen, sollte man frühzeitig an die Halterungen denken. Zweckmäßigerweise werden sie schon bei der Montage angebracht.

Wenn im Innenraum, beispielsweise eine Ruhezone etwas abgetrennt werden soll, so gibt es hier verstellbare und bewegliche Paravents. Die einzelnen Rahmenelemente können mit den unterschiedlichsten Materialien bespannt werden. Um die freie Sicht innerhalb des Raumes zu erhalten, sollten diese beweglichen Trennwände nur zu gewissen Zeiten aufgestellt werden.

Schattierungen

Bezüglich der zusätzlichen Schattierungsmaßnahmen sieht es etwas anders aus. Die Hersteller bemühen sich um Ausführungen, die einmal gut aussehen, was bisher nicht immer der Fall war, gut funktionieren und wirklich ihren Zweck erfüllen. Bei der Innenschattierung muß auch an den Wärmestau bzw. dessen Ableitung gedacht werden. Dies macht die Sache etwas schwierig. Bei diesen Schattierungsproblemen denkt man dann leicht an die Spezialgläser. Sehr einfach in der Ausführung und der Herstellung ist eine Anlage, die ähnlich wie die früher mehr bekannten Schnapprollos arbeitet. Damit die Bahnen nicht durchhängen, sind Führungen erforderlich. Ein Problem, das bei der senkrechten Führung allerdings nicht anfällt. Ansonsten greift man gerne auf die, von den Gewächshäusern bekannten Möglichkeiten zurück. Je nach Lage des Wintergartens wird eine Schattierung nur an wenigen Tagen und dann auch nur für wenige Stunden wirklich benötigt.

Bodenheizung

Im Grunde werden die Heizungsfragen im Sommer und im Winter durch die Klimaanlage geregelt. Weiter wird, wie schon an anderer Stelle gesagt, auch im Winter durch die Sonne eine gewisse Heizwirkung erbracht. Sollten die Temperaturen an besonders dunklen und kalten Tagen doch zu stark absinken, ist man sicher froh, wenn man auch dann die Normal-Temperatur halten kann. Entscheidend für die Wahl der Heizung im Wintergarten ist sicher die Heizungsart, die auch schon in der Wohnung installiert wurde. Wegen der gleichmäßigen Wärmeverteilung und der niedrigen Oberflächentemperatur ist eine Fußbodenheizung für den Wintergarten besonders gut geeignet. Durch eine mehr oder weniger dichte Rohrverlegung kann man gewisse Zonen, beispielsweise in der Nähe der Fenster stärker bestükken und so, trotz der stärkeren Abkühlung, eine gleichmäßige Raumerwärmung erzielen. Weiter bieten sich die verschiedenen Heizkörper an, die so anzubringen sind, daß sie nicht unbedingt im Blickfeld des Betrachters liegen. Empfehlenswert sind Konvektoren. Die Heizkörper können auch allseitig abgedeckt werden, wenn die Luftzirkulation erhalten bleibt. Dabei geht die Heizwirkung allerdings etwas zurück.

Die Pflanzen

Das sollten Sie beachten

Auch bei der Bepflanzung sollte vorher überlegt werden, welche Pflanzenauswahl sich für die örtlichen Gegebenheiten am besten eignet. Weiter ist darauf zu achten, wie und wo die einzelnen Pflanzengruppen am günstigsten untergebracht werden. Letztlich sollten aber auch die eigenen Wünsche und Vorstellungen berücksichtigt werden. Was nützt der schönste Wintergarten, wenn alles nur nach den Gesichtspunkten der Zweckmäßigkeit gesehen wird. Manchmal entwickeln sich auch dort die Pflanzen recht ordentlich, wo sie nach Meinung von Experten keine Entwicklungschancen haben. Die speziellen örtlichen Verhältnisse lassen oft einen Vergleich gar nicht zu. Mit Sicherheit eignen sich Gehölze und Pflanzen aus subtropischen Gebieten für die Anpflanzung im Wintergarten, da sie in der Regel auch eine stärkere Sonneneinstrahlung vertragen, ohne daß es zu nennenswerten Schäden kommt. Außerdem haben diese Pflanzen meist ein großflächiges Blattwerk, welches schon fast eine Schattierung ersetzt. Diesen Punkt sollte man tatsächlich im Auge behalten. Denkt man zu gleicher Zeit an den Winter, so sollten beispielsweise an der West- und Südseite Gewächse vorgesehen werden, die im Winter ohne Laub dastehen. Die wenigen wärmenden Sonnenstrahlen gelangen dadurch weit in den Raum hinein. Einige der besonders stark wachsenden Pflanzen sollen ja im Herbst zurückgeschnitten werden und lassen dann auch das Sonnenlicht durch. Im Mittelbereich des Raumes sollten beispielsweise in Kübeln gepflanzte Palmengewächse untergebracht werden. Diese oder ähnliche Gewächse bilden ein natürliches grünes Dach. Was den endgültigen Standort angeht, so muß man natürlich etwas experimentieren und wird sicher in den ersten Jahren einige Umstellungen vornehmen.

Eine lebendige und lebhafte Wintergartenbepflanzung. Für Freiräume und Möbel bleibt fast kein Platz mehr frei.

Pflanzen vor dem Kauf ansehen

Selbstverständlich werden die Pflanzen, die man oft ja kaum kennt, nicht nur nach dem Katalog ausgesucht. Man muß sie sehen, um auch eine Vorstellung von der Größe und dem Umfang und nicht zuletzt auch von der Wirkung zu bekommen. Es muß bei dieser Gelegenheit dann ja nicht das größte Exemplar gekauft werden. Bei dieser Besichtigung fallen ganz nebenbei auch handfeste Pflege- und andere Tips ab. Selbstverständlich sollen die Pflanzen auch zueinander passen, damit ein harmonisches und natürliches Gesamtbild entsteht. Neben den Gewächsen mit besonders auffälligen Blüten und Blättern, sind auch Gewächse mit aromatisch duftenden Blüten und Blättern in die Überlegungen einzubeziehen. Also nicht nur optische Gesichtspunkte sollen hier entscheiden. Bei günstigen Standortbedingungen entwickeln sich besonders die Pflanzen aus den subtropischen Gegenden sehr üppig: auch ein Grund sich beraten zu lassen. Es sollten auch gewisse Freiräume gelassen werden, die zunächst einmal mit preiswerteren einheimischen Pflanzen aufgefüllt werden.

Tägliche Pflege

Die tägliche Pflege hängt weitgehend davon ab, inwieweit das Haus klimatisiert ist und ob die Wasserversorgung ebenfalls automatisch geregelt wird. Da man alle Pflanzen im Blickfeld hat, werden Mangelerscheinungen, gleich welcher Art und ein eventueller Schädlingsbefall schnell erkannt. Ebenso schnell wird man reagieren. Ansonsten ist das Unkraut zu entfernen, verblühte Blumen und trockene Äste abzuschneiden, bzw. Blüten und Blätter vom Boden aufzuheben. Ebenso ist hier und dort einmal etwas Luft zu schaffen, damit sich auch kleinere Pflanzen entwickeln können. Der Grundschnitt erfolgt allerdings erst nach Ende der Vegetationsperiode. Im Frühjahr stehen dann die Neuanpflanzungen auf dem Programm. Gelegentlich muß auch einmal ein größeres Pflanzgefäß angeschafft und ausgetauscht werden. Von einer arbeitsmäßigen Belastung kann auf keinen Fall gesprochen werden.

Blick aus dem Wintergarten in die Landschaft. Anstelle der vielen Einzelbehälter sollte man es einmal mit Pflanzenwannen versuchen. In Großbehältern entwickeln sich die Pflanzen bedeutend besser und bilden eine harmonische Einheit im Wintergarten.

Auch vor dem Wintergarten sollte man die Bepflanzung nicht vergessen, damit ein fließender Übergang entsteht – ein Wintergarten darf auf keinen Fall wie ein Fremdkörper wirken.

Die Pflanzen

Fassadenbewuchs zur Klimaverbesserung

Das gehört natürlich nur am Rande zum Thema, ist aber eine Überlegung wert. Neben der Verbesserung des unmittelbaren Kleinklimas, bringt die Fassadenbegrünung aber doch noch mehr. Im Sommer sorgt der grüne Vorhang für eine gewisse Abkühlung, da die Sonnenstrahlen nicht mehr direkt auf das Mauerwerk auftreffen. Im Winter ist es das Laub, welches den scharfen auskühlenden Wind abhält. Wie Untersuchungen ergeben haben, heute wird ja alles untersucht, ist die Energieeinsparung ganz erheblich. Ehe man sich hier über Zahlen ausläßt, muß man die örtlichen Gegebenheiten, auf die es ganz entscheidend ankommt, natürlich kennen und prüfen. Im gewissen Sinne werden durch einen solchen Laubpelz die Außendämmaßnahmen eingespart. Von weiteren umweltfreundlichen Gesichtspunkten soll hier gar nicht gesprochen werden. Alle Befürchtungen vor einer größeren Insektenplage sind übrigens vollkommen unbegründet. Im Zeichen eines steigenden Umweltbewußtseins hört man immer mehr von begrünten Häusern und Wänden.

Was für die Mauerwände zutrifft, gilt im gewissen Sinne auch für die Glaswände der Wintergärten. Allerdings kann man hier nicht mit Rankgewächsen arbeiten, dafür aber mit Laubbäumen und Sträuchern. In der Nähe des Glashauses sollten eben diese Bäume und Sträucher angepflanzt werden, welche die schlimmste Sonneneinstrahlung schon einmal abhalten. Man weiß, daß auch die besten Isoliergläser gegen eine brennende Mittagssonne wenig ausrichten können. Ohne eine Schattierung kommt man oft gar nicht aus. Bei der Anpflanzung von Schattenspender muß man allerdings sehr aufpassen. Die Bäume wachsen auf einmal fast zu schnell und überdecken nach wenigen Jahren das Glashaus. Dauerschatten ist ja auf gar keinen Fall erwünscht. Die Vegetation innerhalb des Hauses kommt zum Still-

Pharbitis purpurea, die Trichterwinde, berankt Wände, Pergolen und Laubengänge.

stand. Als erste Richtschnur sollte gelten, daß kein Ast über der Dachfläche zu finden ist. Im Winter, wenn die Laubbäume kahl sind, können und sollen die Sonnenstrahlen das Haus voll erreichen und somit erwärmen. Nadelgehölze sind in diesem speziellen Fall nicht angebracht.

Eine Auswahl geeigneter Pflanzen

Im folgenden wird eine kleine Auswahl von Kübelpflanzen vorgestellt.
Zu diesem Thema gibt es aber auch spezielle Literatur (Köchel, Die schönsten Kübelpflanzen, BLV Verlagsgesellschaft).

Abutilon-Hybriden, Schönmalve
Die Schönmalve ist ein locker wachsender Strauch, der in der Regel als Topf- oder Kübelpflanze gehalten wird. Manchmal wird er als Kugelbäumchen zurechtgestutzt. Zu den immergrünen Blättern kommen dann die großen, glockenartigen Blüten, die je nach Art oder Sorte, gelb bis dunkelrot gefärbt sind. Die Sträucher wachsen recht flott und werden bis zu 2 m hoch. Sie lieben einen hellen Standort, denn sonst entwickeln sich die Blüten nicht so, wie man es erwartet. Das gilt auch für die Wasser- und Nahrungsversorgung. Wird hier gespart, zeigt es der Strauch sofort. Bei einem stärkeren Wachstum ist ein Rückschnitt immer angebracht.

Acacia-Arten, Mimose
Von diesen Akazienarten gibt es einige, die sich für den Wintergarten eignen. Sie wachsen hoch bis unter das Dach. Dadurch sorgen sie für Schattenbereiche, die natürlich nicht überall angebracht sind. Also Vorsicht bei der Standortwahl! Die Pflanzen sind sehr anspruchslos, vertragen die volle Sonne, erwarten wenig Pflege und geben sich mit mäßigen Wassergaben zufrieden. Sehr schön sehen die feingefiederten Blütchen, so muß man sie schon nennen, aus. Sie sitzen an blattähnlichen Zweigen. Die Blüten sind leuchtend gelb. Temperaturen bis herunter auf +5°C werden noch hingenommen.

Abutilon-Hybriden blühen unermüdlich. Wegen ihrer weichfilzig behaarten Blätter werden sie auch Samtpappeln genannt.

Akazienarten können sehr groß werden und bilden dann, wenn sie entsprechend geschnitten werden, ein regelrechtes Kronendach.

Canna indica, **Indisches Blumenrohr**
Eine sehr attraktive Beetpflanze ist das Indische Blumenrohr. Sie wirkt auch in Verbindung mit vielen grünen Gehölzen und Bodendeckern. Bei entsprechender Pflege entwickelt sie kräftige und gutaussehende Blütenstände in den Farben Gelb bis Dunkelrot. Im Winter zieht die Pflanze ein, d. h., es bleibt nur eine Knolle, die in der Ruhezeit trocken liegen sollte, damit sie im zeitigen Frühjahr frisch austreiben kann.

Cestrum elegans, **Hammerstrauch**
Dieses rotblühende, zur Familie der Nachtschattengewächse gehörende, immergrüne Exemplar wächst und entwickelt sich sehr kräftig und stark. Die rutenförmigen Zweige erreichen eine Höhe von 2 m und hängen stark über. An den Enden entwickeln sich die Blütendolden aus unzähligen Einzelblüten. Verblühte Dolden müssen unbedingt herausgeschnitten werden. Schon wegen des raschen Wachstums muß für eine regelmäßige Bewässerung und Nahrungszufuhr gesorgt werden. Die Pflanze bevorzugt einen halbschattigen Standort.
Bei trockener Luft kann es vorkommen, daß Blattläuse auftreten, die sich besonders für junge Blütenstände interessieren. Die weitere Folge sind Rußtaupilze.

Cistus creticus, **Zistrose**
Vorwiegend aus dem Mittelmeerraum kommen die Zistrosengewächse zu uns. Die meist flachen, nur 1–2 m hohen Sträucher haben ein behaartes, zottiges, filziges, manchmal sogar klebriges Laub, welches stark duftet. Nur deshalb wird es hier aufgeführt. Im Wintergarten kann ruhig einmal experimentiert werden, indem eine nicht alltägliche Pflanze gehalten oder gezogen wird. Die Skala der Blütenfarben reicht von weiß bis dunkelrot. Mit der Blüte kann man vom Frühjahr bis in den Sommer hinein rechnen. Es wird ein heller Standort gewünscht, ansonsten ist die Pflanze sehr

Oben: *Cestrum purpureum*
Unten: *Canna indica*

Die Pflanzen

genügsam. Sie wächst allerdings auch nicht sehr schnell. Übrigens der Name Zistrose ist kein Druckfehler.

Cupressus sempervirens, **Zypresse**
Zypressengewächse eignen sich sozusagen als Kontrastbepflanzung zu allen Blattgewächsen. Die Zypresse ist sehr widerstandsfähig. Sie eignet sich daher auch für die Anpflanzung an trockenen und sonnigen Standorten, die noch lange nicht alle Pflanzen mögen. Zu dicht sollten sie allerdings nicht stehen, denn sonst könnten sie schon einmal kahl werden. Will man keinen schlanken Wuchs, im Wintergarten schon verständlich, wird der Haupttrieb herausgeschnitten. Dadurch kommt es zu einem mehr buschigem Wuchs.

Datura-**Arten, Stechapfel**
Die interessanteste Stechapfelart, ebenfalls ein Nachtschattengewächs, ist zweifellos die großblättrige Engelstrompete: eine sehr schnell wachsende, aber sonst anspruchslose Pflanze. Schafft man die entsprechenden Bedingungen, wie helle Standorte, ausreichende Bewässerung und regelmäßige Düngergaben, entwickelt sich sehr schnell ein regelrechter Urwald. Die trichterförmigen Blüten sind unverhältnismäßig groß und duften stark. Die bekanntesten Farben sind gelb, weiß und rosa. Ein Rückschnitt ist bei dem kräftigen Wuchs immer erforderlich, man kann damit aber auch die Wuchsform bestimmen. Überhaupt läßt sich der Wuchs der Pflanze gut begrenzen, indem man sich einfach bei den Pflegemaßnahmen etwas zurückhält.

Ensete ventricosum, **Zierbanane**
Ein echter Blickfang für den Garten und den Wintergarten. Dies besonders durch die oft mehr als 2 m langen und etwa 50 cm breiten, hellgrünen und rosettenförmig angeordneten Blätter. Die Pflanzen sind bei ausreichender Wasser- und Nährstoffversorgung ohne Schwierigkeiten an allen warmen, sonnigen

Oben: *Datura suaveolens*

Unten: *Ensete ventricosum*

Die Pflanzen

Standorten zu halten. Sie beanspruchen zur vollen Entfaltung allerdings viel Platz. Wegen des kräftigen Wachstums und der großen Ausladung sollte in einem Wintergarten auch nur eine Pflanze vorgesehen werden. Wenn man schon einmal eine ausgewachsene Pflanze gesehen hat, wird man diese Einschränkung verstehen. Der Raum sollte außerdem auch möglichst hoch sein. Blühende Pflanzen sind nur bei wirklich optimalen Bedingungen zu erwarten. Auch im Winter sollte man für viel Helligkeit sorgen.

Eriobotrya japonica, **Japanische Wollmispel**
Etwas ganz besonderes und schönes ist dieser Strauch oder dieses Bäumchen. Es ist gleichzeitig ein Zier- und ein Nutzgewächs. Wenn der Strauch etwas älter ist, kann man mit wohlschmeckenden Früchten rechnen. Sie haben die Form von Pflaumen und eine gelbe Farbe. Ansonsten fallen die großformatigen Blätter etwas aus dem Rahmen. Eine besondere Pflege ist nicht erforderlich, wenn man davon absieht, daß regelmäßig gegossen werden muß: im Grunde aber eine Selbstverständlichkeit. Bezüglich des Standortes ist der helle Wintergarten der richtige Platz. Mit Schädlingen ist kaum zu rechnen.

Eucalyptus globulus, **Blaugummibaum**
Hier handelt es sich um einen schnellwachsenden Baum aus den Tropen bzw. Subtropischen Regionen. Interessant sind hier die aromatisch duftenden Blätter, die sich auch noch durch ungewöhnliche Formen und Farben hervortun. Schon wegen dieser Merkmale gehört der Baum in einen Wintergarten. Ganz bewußt werden in dieser Aufzählung immer wieder gewisse Besonderheiten erwähnt und hervorgehoben. Wie jede schnellwachsende Pflanze wird hier auch ein Schnitt erforderlich, mit dem man dann wieder die Wuchsform bestimmen kann. Volles Licht schadet nicht, außerdem übersteht der Baum kurze Trockenperioden und im Winter sogar niedrige Temperaturen. Also in vielfacher Hinsicht der ideale Baum.

Ficus carica, **Feigenbaum**
Der Feigenbaum wird, wie viele Mittelmeerurlauber wissen, in diesen Gebieten als Nutzpflanze angebaut. Während des Winters hat der strauchartig wachsende Baum keine Blätter. Das sollte bei der Aufstellung in einem Wintergarten doch berücksichtigt werden. Belaubt sieht der Baum natürlich recht gut aus. Beliebt ist er besonders wegen der eßbaren Früchte. Er verträgt die volle Sonne und trockene Luft und stellt überhaupt keine nennenswerten Ansprüche an den Boden. Schon wegen dieser Tatsachen sollte man es durchaus einmal mit einem Feigenbaum versuchen.

Hedera helix, **Efeu**
Was soll man zu den Aralien- oder Efeugewächsen eigentlich noch sagen. Einige Efeuarten kennt sicher jeder Gartenliebhaber. Es gibt sehr viele Arten, die kriechend oder kletternd in oft sehr kurzer Zeit sich beachtlich ausbreiten können. Aus diesem Grund sind die Efeugewächse auch nicht ganz unproblematisch. Im Anfang ist man begeistert, weil kahle Flächen schnell zuwachsen und später reißt man die wuchernde Pracht heraus. Die immergrünen Pflanzen eignen sich bestens als Schattenspender oder Bodendecker. Gerade für den Bodenbereich fehlen oft geeignete Pflanzen, die ansonsten keine besonderen Ansprüche stellen. Das gilt sowohl für die Temperaturen als auch für die Helligkeitsansprüche. Nebenbei bemerkt sind die Pflanzen auch noch preisgünstig zu bekommen.

Jacaranda mimosifolia, **Palisander**
Das feingegliederte, filigrane Laub sieht sehr dekorativ aus und stellt einen feinen Kontrast zu den übrigen Laubgewächsen dar. Die Pflanze paßt sich der Umgebung auch sonst recht gut an und wächst leicht und ohne Schwierigkeiten heran. Meist, das kommt immer wieder auf die örtlichen Bedingungen an, muß auch schon einmal etwas stärker zurückgeschnitten werden. Leider ist nur im Sommer mit dem Grün zu rechnen, was bei der Zusammenstellung der gesamten Wintergartenbepflanzung zu berücksichtigen ist.

Jasminum polyanthum, Jasmin

Ein sogenannter Schlinger, der sich hervorragend als Schattenspender eignet. Soll er Aufnahme im Wintergarten finden, wird auch ein Klettergerüst benötigt. Im Frühjahr kann man mit unzähligen weißen Blütendolden rechnen, die so stark duften, daß manche Menschen davon sogar Kopfschmerzen bekommen. Ist jemand in der Familie etwas empfindlich, sollte man diesen Hinweis beachten. Dieser manchmal stark wuchernde Schlinger kann umstehende Gewächse überdecken, deshalb sollte er beobachtet und beizeiten zurückgeschnitten werden. Es wird ein heller Standort gewünscht und eine ausreichende Bewässerung. Manchmal treten Schädlinge, wie Blattläuse oder auch die Weiße Fliege auf, die beizeiten zu bekämpfen sind.

Laurus nobilis, Lorbeerbaum

Eine bei uns typische Kübelpflanze, die durch einen speziellen Schnitt die bekannte Kugel- oder Pyramidenform erhält. Die kräftigen immergrünen Blätter haben einen würzigen Geruch. Die gelblich-weißen Blüten erscheinen im späteren Frühjahr. Der Lorbeerbaum verträgt die volle Sonne, niedrige Temperaturen und nimmt auch größere Temperaturschwankungen nicht übel. Ansprüche an den Boden werden auch nicht gestellt. Bei den teilweise genannten schlechten Standortbedingungen kann man aber über längere Zeiträume kein nennenswertes Wachstum beobachten. Wer so etwas möchte, hat hier eine interessante, genügsame Pflanze. Ein Schädlingsbefall ist unbekannt.

Muehlenbeckia complexa, Knöterich

Ein wirres Durcheinander von schwarzen, fadenförmigen Zweigen mit kleinen kreisrunden Blättern, kennzeichnet dieses Knöterichgewächs. Man kann sich schon vorstellen, daß hier auch ein Kletter- oder Rankgerüst erforderlich wird. Nach einer gewissen Zeit des Anwachsens entwickelt sich dann der Strauch

Oben: *Jasminum polyanthum*

Unten: Lorbeerbäumchen

Nerium oleander, eine der bekanntesten und beliebtesten Kübelpflanzen.

sehr schnell und kräftig. Der Standort sollte im halbschattigen bis sonnigen Bereich liegen. Wegen der Wachstumsfreude wird auch eine ausreichende Bodenfeuchtigkeit gewünscht. Dies ist inzwischen bekannt, denn alle Schnellentwickler brauchen entsprechendes Futter. Sollte die Heizung im Winter einmal ausfallen, werden auch Temperaturen kurz über dem Gefrierpunkt einige Zeit gut verkraftet. Mit Hilfe des Klettergerüstes können lebendige, grüne Abtrennungen errichtet werden.

Nerium oleander, Oleander

Der botanische Name hat sich durchgesetzt. Der Oleander ist auch im mitteleuropäischen Raum in vielen Sorten zu bekommen. Das Besondere an diesem Bäumchen oder Strauch ist, daß er so angenehm duftende Blüten hat. Sie sind zusammengefaßt in Tragdolden. Die wichtigsten Blütenfarben sind: weiß, oder gelb bis rot. Die Pflanze ist in allen Teilen giftig. Das sollte besonders beachtet werden, wenn Kinder im Hause sind. Der Oleander kann im vollen Licht stehen, liebt einen etwas feuchten Standort, entwickelt sich allerdings auch langsamer, wenn mit Wasser gespart wird. Oleander soll kühl überwintert werden.

Olea europaea, Ölbaum

Der etwas eigenwillige, manchmal bizarre Wuchs wird als Besonderheit herausgestellt. Durch die kleine wintergrüne Belaubung ist er besonders dort von Nutzen, wo eine über die Jahreszeiten andauernde leichte Beschattung gewünscht wird. Man kann das Wachstum und die Entwicklung entscheidend beeinflussen, indem nur sparsam bewässert und kaum oder gar nicht gedüngt wird. Ansonsten wächst der Ölbaum recht zügig voran. Gewünscht wird ein sonniger Platz. Stark unterschiedliche Temperaturen, die sogar bis zum Minuspunkt heruntergehen, werden ohne Schaden überstanden.

Passiflora violacea, Passionsblume

Ein Schlinger aus dem tropischen bzw. Subtropischen Bereich. Auch als Topfpflanze kann man sie leicht zum Blühen bringen. Ausgepflanzt in größeren Behältern entwickelt sie sich viel stärker und kann ganze Wände begrünen. Solche Behälter kann man selber bauen, sogar in fahrbarer Ausführung. Entsprechende Bauanleitungen wurden an anderer Stelle schon vorgestellt. Interessant sehen die Blüten aus, die vom Frühjahr bis zum Winter blühen. Als Standort eignen sich auch ganz sonnige Plätze innerhalb des Wintergartens. Sollte es im Winter zu kalt werden, frieren die Zweige ab. Der Neuaustrieb erfolgt aus dem alten Holz.

Persea americana, Avocadobirne

Die Avocado wird in ihren Herkunftsländern als wertvolles, fettreiches Obst angebaut und geschätzt. Aus den Kernen hier gekaufter Früchte lassen sich sehr leicht schnellwachsende, wintergrüne Bäumchen heranziehen. Sie vertragen bestens auch die hellsten Standorte und auch eine niedrige Luftfeuchtigkeit. Die Temperatur kann auch schon einmal bis +5° C heruntergehen. Da die Pflanzen sehr schnell in die Höhe wachsen, müssen sie durch gelegentliche Rückschnitte auf Zimmerhöhe gehalten werden. Diese nützlichen Schattenspender werden nicht krank und auch nicht von Schädlingen befallen. Kurz eine Pflanze, die man im Wintergarten halten sollte.

Plumbago auriculata, Bleiwurz
Wieder ein Kübelgewächs, welches vom Sommer bis in den Spätherbst hinein blüht. Unter dem Glas des Wintergartens und nicht beschnitten, entwickeln sich diese kleinblättrigen, üppig hellblau blühenden Pflanzen zu Sträuchern mit einer Höhe bis zu 2 m. Dies ist wieder genau die richtige Größe für den Wintergarten. Ein heller sonniger Standort ist der richtige Platz. Trockene Luft macht dem Strauch nichts aus, dagegen wird eine gute Nährstoff- und Wasserversorgung gewünscht. Die Verjüngung erfolgt durch starke Wurzelaustriebe, die durch einen entsprechenden Rückschnitt ausgelichtet werden sollen. Sollten im Winter einmal die Temperaturen bis zum Gefrierpunkt hin absinken, schadet dies nichts, wenn der Standort trocken ist.

Passiflora violacea, bei gutem Standort ein ausdauernder Blüher.

Ricinus communis, Wunderbaum
Der deutsche Name stimmt wirklich. Im Freiland wächst dieser Wunderbaum erstaunlich schnell zu einer fast nicht zu glaubenden Größe heran. In unserem grünen Zimmer kann man deshalb höchstens eine Pflanze unterbringen, will man den Überblick behalten. Möchte man die Pflanze einige Jahre halten, muß sie jährlich ordentlich zurückgeschnitten werden. Die Pflanze ist wirklich interessant und auch eine Bereicherung für den Wintergarten, aber nach einigen Jahren wird man sich von ihr trennen, da man sich an ihr leid gesehen hat. Die großen, bläulichgrauen oder rötlichen Blätter sind der besondere Blickpunkt. Bei diesem Wachstum wird viel Wasser und eine regelmäßige Nährstoffgabe verlangt. Ansonsten sind helle Standorte erforderlich. Ab und zu taucht als Schädling die Weiße Fliege auf. Will man eine schnelle Erstbegrünung, ist dies die richtige Pflanze.

Saxifraga stolonifera, Judenbart
Auch als Steinbrech ist diese Zimmerpflanze bekannt. Sie stellt keine größeren Ansprüche und ist leicht zu halten. Sie gilt als hervorragender Bodendecker. Gerade dieser Bereich wird leicht vergessen und dann mit irgendwelchen Pflanzen mehr wahllos als geplant vollgestellt. Viele hochwachsende Pflanzen verlangen sogar nach einer Abdeckung des Wurzelbereiches, damit es hier nicht zu Austrocknungserscheinungen kommt. Der Steinbrech gedeiht sowohl im Schatten als auch im vollen Licht. Voraussetzung ist natürlich eine entsprechende Bodenfeuchtigkeit. Meist erscheinen im Mai–Juni weiße, gelb-punktierte Blütchen. Soll er überwintern, was ohne weiteres möglich ist, so sollte bei niedrigen Temperaturen die Luft und unmittelbare Umgebung nicht zu feucht sein. Während der Bildung der Blüten, sollte man die Pflanze auf Schädlingsbefall überprüfen.

Die Pflanzen

Thunbergia alata

***Sparmannia africana*, Zimmerlinde**
»Die gute alte Zimmerlinde«, wird mancher Pflanzenliebhaber sagen. Leider ist sie, aus welchen Gründen auch immer, etwas in Vergessenheit geraten. Die Pflanze mit den großen, weichen Blättern wächst sehr schnell. Für den Wintergarten ist der schnelle Wuchs eine gute Sache; für den Standort im normalen Zimmer oder am Fensterbrett natürlich nicht so ganz. In nur einem Jahr entwickelt sich aus einem Steckling ein kräftiger Strauch, der bald zurückgeschnitten werden muß. Nach allem, was man bisher über das Pflanzenwachstum weiß, ist hier auch wieder ein hoher Flüssigkeits- und Nährstoffbedarf zu befriedigen. Ein heller, luftiger Standort gefällt dieser Pflanze am besten. Eine Kombination mit kleinblättrigen Gewächsen bietet sich an.

***Thunbergia alata*, Schwarzäugige Susanne**
Leider ein Schlinger, der im Spätherbst eingeht. Es klingt etwas eigenartig aber der Vorteil liegt darin, daß die vorher beschattete Stelle nun im vollen Winterlicht erscheint. Die Pflanze hat recht kleinformatige Blätter, ist reichblühend und benötigt wie alle Schlinger ein Rankgerüst. Sie werden im Frühjahr an Ort und Stelle ausgesät oder besser in Töpfen vorkultiviert. Da sie nicht zu wild wuchern, können andere Pflanzen oder Gehölze durchaus als Rankgerüste herangezogen werden, ohne daß sie Schaden nehmen bzw. erdrückt werden.

***Washingtonia filifera*, Palmen**
Wenn es um dekorative Palmen geht, kann man an dieser mächtigen Fächerpalme eigentlich nicht vorbeikommen. Sie eignet sich sehr gut für sonnige und zuweilen auch trockene Standorte. Selbstverständlich kann sie auch in Kübeln gehalten werden. Allerdings wird dadurch in Verbindung mit sparsamen Wasser- und Nährstoffgaben, ihr Wachstum gebremst. Was hat man letztlich von einer Wintergartenpflanze, welche den Rahmen sprengt und nach kurzer Zeit ihren Platz räumen muß, weil sie zu mächtig wird.
Wie allgemein bekannt, gibt es neben dieser beschriebenen Fächerpalme natürlich noch eine riesige Zahl von anderen Palmen in noch größeren Formaten, aber auch solche, die in Blumentöpfen herangezogen werden können. Sehr viele eignen sich auch für die Haltung in der Wohnung bzw. im Wintergarten.
Ob es um die Anschaffung des Wintergartens geht oder um die Beschaffung der Bepflanzung, man sollte sich umsehen, nach Anregungen Ausschau halten und gegebenenfalls beraten lassen.

Düngung

Mit Fingerspitzengefühl arbeiten
Für eine zufriedenstellende Entwicklung aller Kübelpflanzen, und dazu muß man fast alle Pflanzen zählen, die in einem Wintergarten untergebracht sind, ist eine gleichmäßige und ausreichende Düngung sehr wichtig. Die Düngung richtet sich hier aber weniger nach der Größe des Pflanzenbehälters, sondern mehr nach der Größe der Pflanze und ihren Ansprüchen. Eine Tatsache sollte man aber schon festhalten: bedingt durch den größeren Inhalt der Behälter stehen den Pflanzen auch größere

Die Pflanzen

Reserven zur Verfügung. Eventuelle Mangelerscheinungen treten daher nicht so plötzlich auf. Wenn man die Pflanzen beobachtet, wird man eventuelle Veränderungen frühzeitig feststellen und kann daher auch noch im Anfangsstadium entsprechende Gegenmaßnahmen ergreifen. In größeren Behältern können sich die Gewächse bedeutend schneller und üppiger entwickeln. Ein zu schnelles Wachstum in einem beschränktem Luftraum, wie er auch im größten Wintergarten zu finden ist, ist aber nicht immer eine wahre Freude und man muß gegebenenfalls eingreifen.

Wann wird gedüngt

Die beste Zeit, alle Pflanzen mit Düngergaben zu unterstützen, ist wohl die Zeit von Anfang Mai bis Anfang August, wobei die beginnende Entwicklung der entscheidende Zeitpunkt ist. Für die Pflanzen, die erfolgreich den Winter überstehen sollen, dazu gehören fast alle Gewächshauspflanzen, muß mit der Düngung in jedem Fall Ende September Schluß gemacht werden. Ansonsten gehen die Pflanzen, wie man so sagt, mit vollem Trieb in die Winter- oder Ruhepause. Sie werden dadurch enorm geschwächt, was sich in der nächsten Gartensaison bemerkbar macht. Die Ruhepause wird ganz einfach gebraucht. Im Gegensatz zu früheren Zeiten, als reine Tierdüngergaben verabreicht wurden, ist die Düngung heute angenehmer, leichter und gezielter durchzuführen.

Organische Dünger

Die organischen Dünger enthalten in sehr hohem Maße Bakterien oder sorgen dafür, daß sich Bakterien, die für das Pflanzenleben unentbehrlich sind, entwickeln können. Genaugenommen werden die Bakterien ganz langsam in ihre mineralischen Bestandteile zerlegt und an die Pflanzen abgegeben. Da diese Dünger manchmal etwas einseitig ausgelegt sind, sollte man sich die Beschreibungen der Hersteller, besonders was die Zusammensetzung des Inhaltes betrifft, genau durchlesen. Bekannte Erzeugnisse in dieser Richtung sind: Hornmehl oder Hornspäne, die natürlich gut zerkleinert. Weiter gibt es Mist und Torf oder Vogelmist in flüssiger Form oder in Pulverform. Bekannt ist auch der Guano.

Mineraldünger

Diese modernen Düngerzusammensetzungen enthalten alle wichtigen Nährstoffe und Spurenelemente. Sie sind sehr oft genau auf die ganz bestimmten Forderungen einzelner Pflanzengruppen abgestimmt. Dank genauester Forschungsergebnisse weiß man ja, was die einzelnen Pflanzen zum Wachstum und zur Entwicklung der Blüten bzw. der Früchte benötigen. Der mineralische Volldünger wird in Form von Nährsalzen angeboten. Diese Nährsalze können in Wasser aufgelöst werden und dann auf dem Erdreich, nicht unmittelbar an den Pflanzen, ausgegossen werden. Ebenso können sie in das Erdreich eingearbeitet werden. Durch die regelmäßigen Wassergaben lösen sie sich nach und nach auf. Durch flüssige Düngergaben kann gezielter, aber auch schneller geholfen werden, falls es einmal erforderlich sein sollte.

Langzeitdünger

Für den Hobbygärtner ist der Langzeitdünger eigentlich genau der richtige Dünger. Eine ungewollte plötzliche Überdüngung mit all ihren Folgen ist praktisch ausgeschlossen. Man weiß ja aus eigener Erfahrung, daß man es immer zu gut mit seinen Schützlingen meint und daß es eben durch zu viele und zu reichliche Düngergaben zu Schäden kommt, die sich oft nicht wieder gut machen lassen. Diese Langzeitdünger sind den im Handel erhältlichen Erden oder Erdmischungen vielfach beigemischt. Diese Erden sind ja relativ trocken, deshalb lösen sich die granulierten Körner hier nicht vorzeitig auf, sondern erst wenn Gießwasser zugegeben wird. Die gelösten Salze oder Mineralien werden dann von den Pflanzen über einen längeren Zeitraum langsam aufgenommen. Der Vorteil dieser Düngeform liegt weiter darin, daß der Dünger über größere Flächen sehr gut verteilt wird. Es sind mehrere Handelsnamen bekannt, denen alle eine ausführliche Anwendungsbeschreibung beiliegt.

Die Pflanzen

Krankheiten und Schädlinge

Manchmal steckt etwas anderes dahinter: Sicher, es gibt viele unterschiedliche Pflanzenkrankheiten, aber so eigenartig es sich anhören mag, manche Krankheit ist überhaupt keine Krankheit. Die Krankheitserscheinungen entpuppen sich bei näherer Betrachtung und Untersuchung nur als eine Mangelerscheinung: eine Überdüngung oder zu wenige bzw. zu reichliche Wassergaben, eine zu große Hitze, und dies besonders im Dachbereich, wo es dann schon leicht zu Vertrocknungs- oder Verbrennungserscheinungen kommt. Jede Pflanze reagiert anders, und manchmal sieht es zugegebenermaßen schon nach einer unerklärbaren Krankheit aus.

Pflanzenwünsche berücksichtigen

Da man die Pflanzen in einem Wintergarten doch besser unter Kontrolle hat als in einem weitläufigem Gartenareal, wird man Mangelerscheinungen, die eventuell auf eine Krankheit hindeuten könnten, viel schneller bemerken und entsprechende Gegenmaßnahmen einleiten. Wenn man die Grundregeln bezüglich der Nährstoffversorgung und der klimatischen Verhältnisse genau beachtet, braucht man mit nennenswerten Krankheiten gar nicht zu rechnen. Wenn es aber doch einmal soweit kommen sollte, ist es schon ratsam einen Fachmann um Rat zu fragen. Das gilt natürlich nur für den Fall, daß größere Gewächse oder ganze Bereiche des Wintergartens befallen sind. Natürlich gibt es viel Fachliteratur zum Thema, aber ein Spezialist, der selber ein Gewächshaus betreibt und die Pflanzen kennt, kann schon eine gezieltere Auskunft und Hilfe geben.

Schädlinge kommen vor

Es ist eine bekannte Tatsache, daß schwächliche bedeutend leichter als kräftige Pflanzen von Schädlingen befallen werden und ihnen auch kaum nennenswerte Abwehrkräfte entgegensetzen können. Hier muß selbstredend sofort eingegriffen und geholfen werden. Man hat die Wahl zwischen Pflanzenschutzmitteln der chemischen Industrie und Mitteln aus natürlichen Stoffen. So gut und bekannt die chemischen Mittel sind, sie sind doch in der Regel giftig und für Mensch und Haustier nicht immer ganz unbedenklich. Man sollte sich daher die Beipackzettel und Anwendungshinweise genau durchlesen und die Hinweise auch beachten.

Natürliche Pflanzenschutzmittel

Da sich der Mensch in einem Wintergarten bedeutend länger aufhält als in einem Gewächshaus, sollte man schon im Interesse der Menschen auf natürliche Pflanzenschutzmittel zurückgreifen. Dies auch im Zeichen des allgemeinen Umweltschutzes. Wie mit chemischen Mitteln muß man auch in diesem Fall gegen jede Schädlingsart gezielt und über einen gewissen Zeitraum vorgehen, bis auch die Nachkommenschaft ausgeschaltet ist. Eine Allerweltsspritzung ist abzulehnen, denn sie beruhigt nur den Spritzer. Das man auch hier Spritzmittel mit geringem Giftgehalt bevorzugen sollte, bedarf keiner näheren Erklärung, wenn sich, wie schon gesagt, Menschen im Raum aufhalten. Da sich beim Spritzen die Mittel über den ganzen Raum und die Einrichtung verteilen, sollte man Gießmittel bevorzugen. Auch eine Ausräucherung ist besser als eine Vernebelung. Natürlich kann man auch mit einem Insektenlockstab arbeiten oder mit Sprays oder mit Räucherspiralen. Es ist in den letzten Jahren viel auf dem Gebiet der Umweltfreundlichen Schädlingsbekämpfungsmittel getan worden. Man muß sich gegebenenfalls in Gärtnereien oder im Fachhandel etwas umsehen und beraten lassen. Auch ein Blick in die Fachliteratur hilft.

Der Ordnung halber wird auch noch auf eine andere umweltfreundliche Schädlingsbekämpfung verwiesen. Hier werden beispielsweise Raubmilben gegen Spinnmilben oder Schlupfwespen gegen die Weiße Fliege eingesetzt. Auch Marienkäfer gegen Blattläuse zeigen wie eine Ungezieferbekämpfung aussehen kann. Der Einsatz dieser Tiere setzt aber schon eine gewisse Kenntnis und Erfahrung voraus.

Bezugsquellen

Die nachfolgende Zusammenstellung kann keinen Anspruch auf Vollständigkeit erheben. In diesem Bereich bewegt sich die Anzahl der Anbieter und Hersteller auf mehrere hundert, örtliche sowie überregionale. Sie alle zu nennen würde viele Seiten füllen; trotzdem wäre die Übersicht nicht aktuell. Manche stellen die Produktion ein, neue kommen hinzu. Oftmals hilft schon das örtliche Branchenverzeichnis weiter, vor allem hinsichtlich Holzbauteilen für Überdachungen, Pergolen usw.

ASFÖ-Leichtmetallbau GmbH & Co. KG, 83555 Gars/Inn

Bartscher, Franz-Kleine-Str. 28, 33154 Salzkotten

Beckmann, Simoniusstraße 10, 88239 Wangen
(u. a. Beta-Solar, Bewässerungssysteme)

Beutler GmbH, Thüringer Str. 2, 97340 Marktbreit
(Wassersammelbecken, Regenwasserspeicher)

Dymo Maschinenbau GmbH, Schinder-Str. 18, 84030 Ergolding
(Umluftheizung, Isotherm- u. Lüftungsautomaten, Klimaregelung)

Ernst Fried KG, 74374 Leonbronn-Zaberfeld

GBK Gesellschaft für Baukonstruktionen mbH, Bahnhofstr. 51/53, 71229 Leonberg

Gewächshausklimatechnik Klaus Brosius, Marburger Str. 3, 35649 Bischoffen-Oberweidbach
(Rippenrohrheizung, Elektroheizgeräte mit Gebläse, Elektro-Vegetations-Heizanlage)

Hoklartherm GmbH, An der Süderbäke, 26689 Apen

Krieger, Gahlenfeldstr. 5, 58311 Herdecke

Lüftomatik, Gesellschaft für Lüftungs- und Klimatechnik mbH, Postfach 1363, 69193 Schriesheim
(Lüftomatik-Wintergartenlüftung)

Mahrenholz, Industriegebiet, 37688 Beverungen

Marohl Wintergarten, Am Höllenbach 22, 83329 Waging

Messerschmidt, Autenbachstr. 22, 73035 Göppingen

Optima Wintergarten GmbH & Co. KG, Frankenstr. 75, 91088 Bubenreuth bei Erlangen

Ostermann & Scheiwe GmbH & Co. KG, Postfach 6340, 48155 Münster/Westf.

Palmen, Lise-Meitner-Str. 2/1, 52525 Heinsberg

Philips Licht GmbH, Steindamm 94, 20099 Hamburg
(Pflanzenbelichtung und Beleuchtung)

Pudenz GmbH, Postfach 1227, 33815 Leopoldshöhe

Schlachter, Wasserburger Weg 1/2, 89312 Günzburg

Schock Wintergarten GmbH, Gmünder Str. 70, 73614 Schorndorf

Schüco, International KG, Karolinenstr. 1–15, 33609 Bielefeld

Selfkant Wolters GmbH, Maria-Lind 40, 52525 Braunsrath

Wilhelm Terlinden GmbH & Co. KG, Gewächshausbau, Bruchweg 1, 46509 Xanten

Vegla Vereinigte Glaswerke GmbH, Viktoriaallee 3–5, 52066 Aachen

Vekaplast, Postfach 1262, 48324 Sendenhorst

Voss GmbH & Co. KG, Reichelsheimer Str. 4, 55268 Nieder-Olm/Mainz

Josef Weiss Plastik GmbH, Eintrachtstr. 8, 81541 München und Fichtenstr. 15, 85649 Hofolding

Solarhausplanung

LOG LD, Sindelfinger Str. 85, 72070 Tübingen

Info über Wintergärten aus Holz

Arbeitsgemeinschaft Holz, Postfach 300141, 40401 Düsseldorf

Fachverband Holzwintergarten, Postfach 1205, 84043 Mainburg-Wambach

Technische Ausstattung

Sonnenschutz:

Hüppe, Postfach 2523, 26015 Oldenburg

Losberger, Postfach 2519, 74015 Heilbronn

Markilux, Postfach 1243, 48270 Emsdetten

Warema, Vorderbergstr. 30, 97828 Marktheidenfeld

Register

Abstandsflächen 63, 64
Abstandshalter 21, 32, 34
Abstandshölzchen 106
Absperrventil 46
Abwasserleitung 59
Anbaukonstruktion 12
Angebot 90
Anker 19, 20, 92, 95
Anlehnhaus 62
Anschlagseite 107
Anschraubwinkel 19
Anstrich 19
Architekt 8, 63, 65, 66
Aquarium 121
Auftragsvergabe 89, 95
Ausgleichsestrich 53
Auskerbung 24
Auslegeware 126
Außenfronten 110
Avocadobirne 136

Balkongerüst 11
Balkon 54
Balkonwintergarten 54
Bartheke 47, 112
Bauamt 62, 64
Bauanleitung 136
Bauantrag 53, 65
Bauanzeige 63
Baubehörde 62
Bauherr 8
Baubeschreibung 92, 100
Baugenehmigung 62
Baugesuch 62
Bausätze 14
Bauvorlagen 65
Bauvorschriften 62
Behälterumrandung 34
Bepflanzung 99, 102
Beratungsunterlagen 63
Beleuchtung 70, 71
Beleuchtungskörper 99
Beleuchtungsstärke 72
Benetzungsregler 74
Berankung 11
Beregnungsanlagen 74
Betonplatte 13, 112
Betonstützen 16
Bewässerungsfragen 72
Blankglas 84
Blaugummibaum 134
Blenden 9
Blendenelemente 25
Bleiwurz 137
Blumenkübel 25
Bodenaufbau 19
Bodenheizung 94, 127
Bohlen 23, 37, 113
Bottich-Verkleidung 100
Bruchsteine 48, 49, 112

Container 99

Dachbalken 26
Dachbegrünung 107
Dacheindeckung 18
Dachfläche 11
Dachgarten 59
Dachgefälle 17
Dachkonstruktionen 28
Dachneigung 10, 18, 59, 88, 92
Dachneigungswinkel 87
Dachrinne 12, 98
Dachrinnenheizung 79
Dachverglasung 59, 63
Dämmerungsschalter 72
Dehnungsfuge 19
Diagnoalmessung 111
Dichtungsbahnen 15
Dichtungsmittel 12
Düngung 138
Dünnbettverfahren 99
Düsenlanze 74
Durchfeuchtungsschäden 12
Durchgangshöhe 59
Duschkabine 46
Duschplatz 42, 45, 58
Drainagerohre 39
Drahtglas 84
Drahtornamentglas 85
Druckzylinder 76

Eckabstützung 25
Efeu 134
Einkerbungen 103, 104
Einrichtung 116
Einrichtungsarbeiten 99
Einrichtungsplanung 28, 117
Einstrahlwinkel 87
Energieabsorber 67
Energieeinsparung 67
Engelstrompete 133
Entwässerungsfragen 17, 38, 46
Erdanschluß 25
Erddruck 102
Erdmischungen 99, 139
Estrich 19

Fallrohr 12, 17, 73, 90
Falzabmessungen 86
Farbimprägnierung 25
Farbgestaltung 124
Fassadenbewuchs 130
Feigenbaum 134
Fensteröffnung 76
Feininstallation 99
Feuerstelle 42, 44, 47
Feuchtigkeit 122
Feuchtigkeitsfühler 80
Feuchtigkeitsregler 77
Feuchtigkeitsschäden 97
Feuchtigkeitswerte 76
Filteranlagen 72, 115
Firstbalken 38
Folienbecken 114

Folienauskleidung 39, 104, 107, 113, 114
Formsteine 42
Fugenabdichtung 59
Fugenabstände 48
Fundamente 13, 16, 19, 44, 95
Fußboden 126
Fußstütze 74, 49
Frontverkleidung 13

Gartenbauten 24
Gartenplanung 65
Geschäftsbedingungen 90
Gesetzmäßigkeiten 8
Gewächshausbewässerung 73
Grenzabstände 52
Grenzabtrennung 42
Grenzbebauung 64
Giebelbretter 37, 38, 39
Giebelelemente 36
Giebelhöhe 89
Giebelüberdachung 36
Gießwasser 73
Granitstaub 16
Grillplatz 41, 58, 112
Großpflanzen 117
Grundlinie 111
Grundrißplan 29
Grundstücksgrößen 65
Guano 139
Glasablage 50
Glasbau 116
Glasbausteine 11, 42
Glasdachanbau 9
Glasfüllungen 58
Glasgewicht 37
Glastüren 60
Glaswände 116
Glaszwischenwände 55

Hammerstrauch 132
Hausakte 64
Hauptlaufrichtung 28
Hauptwindrichtung 8, 42, 57
Heizgeräte 127
Heizkabel 79
Heizkostenersparnisse 69, 83
Himmelsrichtung 46, 51, 52, 117
Hitzestau 9, 10, 13, 17
Hochglanzmöbel 126
Hochterrasse 54
Holzdimensionierung 13
Holzfliesen 46
Holznägel 15, 24
Holzschwelle 115
Hornspäne 139
Hygrostaten 79

Indisches Blumenrohr 132
Infrarot-Strahlung 83
Innenausbau 98
Inneneinrichtung 59
Innenschattierung 126

Insektenlockstab 140
Imprägnierung 14, 42, 98, 110
Isoliergläser 17, 60, 61, 84, 85, 94
Isolierungen 20, 60, 64, 116
Isolierverglasung 81, 82, 87

Jalousien 8, 127
Japanische Wollmispel 134
Jasmin 135
Judenbart 137

Kalkablagerungen 72
Kaminecke 44
Kanalisation 12, 46, 98
Kantenbearbeitung 16
Kerbschnitzereien 15
Kiefernholz 14
Klarglas 84
Klettergerüst 25, 135, 136
Klima 61, 130
Klimaanlage 127
Klimasteuerung 79
Klimatechnik 56
Klimazonen 55
Klotzungsrichtlinien 80
Knöterich 135
Kollektoren 68
Kondenswasser 61, 83
Konsolen 21, 22, 25
Konstrastbepflanzung 133
Kopfenden 21, 23
Kostenvoranschlag 85, 89
Konvektion 69
Kübel 99
Kübelpflanzen 100, 135, 138
Kugelbäumchen 131
Kurzzeitschaltuhr 77
Kunststeinplatten 38, 113
Kunststoffabdeckung 70
Kunststoffbecken 114
Kunstlicht 7
Kunststoffmaterialien 126
Kunststoffverglasung 81, 98
Krankheitserscheinungen 140

Lageplan 63
Lagerfugen 112
Langzeitdünger 139
Lasche 112
Ledergarnituren 126
Leitungswasser 72
Lieferfirmen 63
Leuchten 71
Leuchtstoffröhren 72
Licht 70, 71
Lichtausbeute 72
Lichtdurchlässigkeit 74
Lichtverhältnisse 124
Lichtverlust 11, 70, 87
Lorbeerbaum 135
Lüftungsflügel 10, 88, 90, 97
Luftbefeuchter 72, 76, 77
Luftbewegung 9, 10, 55

Register

Luftfeuchte 55, 61, 62, 72, 122, 136
Luftkreislauf 74
Luftumwälzer 74
Lux 71

Magnetventil 74
Mangelerscheinungen 129, 139
Maueranschlüsse 12
Mehrfachgiebel 39
Mehrscheiben-Isolierglas 87
Mimose 131
Mineraldünger 139
Möblierung 27, 29, 116
Möblierungsplan 28, 116
Mörtel 112
Mörtelmischungen 16
Montage 20, 95, 97

Nachtschattengewächse 132
Natursteine 16
Neigungswinkel 10
Normalglas 84

Oberflächenbehandlung 98, 104
Oberflächenschutz 82, 83
Ölbaum 136
Oleander 136

Palisander 134
Palmen 138
Paragraphen 63
Paravents 127
Passionsblume 136
Pergolareiter 31
Pflanzenbehälter 29, 30, 94, 104, 116, 138
Pflanzencontainer 25, 100
Pflanzenkauf 114
Pflanzenlaube 29
Pflanzenwanne 99, 107, 112, 118, 121, 122
Plastik 99
Plastikbehälter 104
Platzbedarf 27
Polyestergehäuse 72
Produktbeschreibungen 83
Profile 61, 89
Profilierungen 15
Profilholzbretter 18, 25
Pultdach
Punktfundamente 95

Quecksilberdampf-Hochdrucklampe 72
Querfugen 29, 59
Querhölzer 22, 41, 110
Querriegel 31, 107
Querschnitte 16, 24
Querstabilität 12, 13, 24
Querstreben 13

Rahmenelemente 30, 127
Rankbepflanzungen 59
Rankgewächse 25, 30
Rankgerüst 4, 25, 29
Rauchschürze 42
Reflektoren 72
Regelbereich 72
Regler 74
Regenwasser 10, 39, 73, 90, 97
Rhomben 32, 34
Ringfundament 95
Ruheperiode 71
Rundumverglasung 13

Schädlingsbefall 129
Schädlingsbekämpfung 140
Schaltschrank 79
Schattenspender 8, 71, 130
Schattenwirkung 31
Schattenzonen 9
Schattierungen 8, 51, 59, 67, 127, 128
Schiebetüranlage 60
Schiebewände 40
Schiefertafeln 18
Schlinger 130
Schlitzbreite 110
Schloßschrauben 24
Schmelzwasser 79
Schnapprollos 127
Schnitzereien 16
Schönmalve 131
Schräghölzer 13, 35
Schrägstreben 111
Schwimmbad 116
Schwimmerventil 77
Seitenplatten 108
Seitenverkleidung 110
Sicherheitsglas 38, 61, 81, 85, 94
Sichtschutz 126, 127
Sickergrube 46
Sitzgruppe 29
Sockelbretter 104
Solarzellen 68
Solararchitektur 67

Sonnenenergienutzung 67, 68, 68
Sonneneinstrahlung 61
Sonnenschutzeinfärbung 82
Sonnenschutzglas 61
Sonnenschutzscheiben 85
Speicherkapazität 69
Spezialbeschläge 15
Splittergefahr 38
Springbrunnenanlage 99, 121, 122
Spritzblende 17
Spurenelemente 139
Stahllochband 92
Standardüberdachung 8
Standfestigkeit 12, 66
Standortbedingungen 129
Statiker 13, 53, 66
Stechapfel 133
Stecheisen 104, 110
Stegdoppelplatte 82, 94
Stegdreifachplatte 83
Steckblumenkasten 102
Steuerungsautomatik 72
Steinbrech 137
Streifenfundament 94

Teich, 99, 113, 121, 122
Temperaturen 71
Teppich 99, 126
Tischler 102
Tischlerarbeiten 122
Tischkreissäge 102
Terrarium 121
Thekenaufsatz 50
Thermostaten 76, 79
Traggerüst 32
Traufenhöhe 89

Überdachung 8
Überkopf-Verglasung 87
Umweltbewußtsein 130
Unterwasserbeleuchtung 114, 115
Unterbau 47
UV-Durchlässigkeit 83

Vegetationsperiode 129
Ventilator 10
Verankerung 12
Verbindungsbleche 15
Verbund-Sicherheitsglas 85
Verglasung 18, 81, 98
Verglasungsvorschriften 85
Verlegerichtlinien 83, 84

Versorgungsleitungen 20, 95, 110
Verstärkungsleisten 100
Versumpfung 12, 18
Versprödung 82
Vertikal-Jalousien 127
Verzierungen 15
Vogelvoliere 121, 122
Vorbau 11
Vorhänge 126

Wandabschluß 20
Wandaussteifung 92
Wandbalken 21
Wandhalterung 20
Wärmedämmschicht 19
Wärmefühler 79
Wärmepufferzone 69
Wärmepumpe 67
Wärmequelle 67
Wärmeschutz 67
Wärmeschutzverordnung 62
Wärmestau 87, 127
Wärmetransport 69
Wärmeverteilung 127
Wasserableitung 12
Wasserbecken 122
Wasserfallanlage 115, 122
Wasserpflanzen 115
Wasserschaden 114
Wasserspeier 115
Wasserstaubdüse 74
Wasserversorgung 107
Wellplatten 82
Westerntüranlage 45
Windschutz 8, 10, 11, 57, 83
Winkelbleche 19, 22
Witterungsbeständigkeit 82
Wunderbaum 137

Zapfen 110
Zentrifugalverschleierung 77
Ziegelformen 16
Ziegelmauerwerk 112
Zierbanane 133
Zierfische 122
Zinkblech 15
Zimmerlinde 138
Zistrose 132
Zypresse 133
Zuleitungen 115
Zusatzheizung 69
Zwangsentlüftung 76
Zwischenabstand 106
Zwischenstücke 24
Zwischenwände 62

143

Gestalten mit Pflanzen und Phantasie

Christoph und Maria Köchel
**Wintergärten –
vom Traum zur Wirklichkeit**
Beispiele, die gelingen – mit 380 Pflanzen aus aller Welt
Das ganze Jahr im Grünen wohnen: besonders gelungene Beispiele für verschiedene Wintergartentypen, ausführliche Pflanzenporträts von Bäumen, Sträuchern und Kletterpflanzen, Praxistips für die Planung und Gestaltung eines Wintergartens.

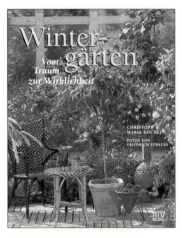

Christoph und Maria Köchel
**Kübelpflanzen –
Der Traum vom Süden**
Wintergärten und Terrassen gekonnt gestaltet
Umfassendes Handbuch über die Planung von Wintergärten und Terrassen mit Gestaltungsbeispielen für Wintergärten; 150 ausführliche Porträts von Kübelpflanzen; Informationen über Herkunft und Pflegeansprüche; alles zur Überwinterung.

Margot Schubert
Wohnen mit Blumen
Der umfassende BLV Ratgeber für mehr als 500 Zimmerpflanzen
Das moderne Standardwerk – völlig neu erarbeitet: über 500 ausführliche Pflanzenporträts mit rund 540 Farbfotos und Informationen zu Herkunft, Aussehen und Pflege.

Friedrich und Dagmar Strauß
Balkonträume
Die schönsten Ideen für alle Lagen und für das ganze Jahr
Balkongestaltung vom Feinsten: individuelle Vorschläge für alle Jahreszeiten für Balkons in der Sonne, im Halbschatten und im Schatten; Pflanzenporträts, gegliedert nach Blütenfarben; Praxistips zu den wichtigsten Arbeiten rund ums Jahr.

Malcolm Hillier
Pflanzenpracht in Töpfen, Kübeln, Schalen, Ampeln
Die schönsten Ideen für das ganze Jahr
Für Garten und Balkon, für Terrasse und Wintergarten: die 60 schönsten Gestaltungsideen für reizvolle Arrangements in Pflanzbehältern – mit Hinweisen zu Pflanzung und Pflege aller verwendeten Pflanzen.

Im BLV Verlag finden Sie Bücher zu folgenden Themen: Garten und Zimmerpflanzen • Natur • Heimtiere • Jagd • Angeln • Pferde und Reiten • Sport und Fitneß • Tauchen • Reise • Wandern, Bergsteigen, Alpinismus • Essen und Trinken • Gesundheit, Wohlbefinden, Medizin

Wenn Sie ausführliche Informationen wünschen, schreiben Sie bitte an:
BLV Verlagsgesellschaft mbH • Postfach 40 03 20 • 80703 München
Telefon 089 / 12705-0 • Telefax 089 / 12705-543